Thomas Hohensee
Tue nichts und werde glücklich

Thomas Hohensee

Tue nichts und werde glücklich

Drei Prinzipien für ein gutes Leben

Kösel

Sollte diese Publikation Links auf Webseiten Dritter enthalten, so übernehmen wir für deren Inhalte keine Haftung, da wir uns diese nicht zu eigen machen, sondern lediglich auf deren Stand zum Zeitpunkt der Erstveröffentlichung verweisen.

Verlagsgruppe Random House FSC® N001967

Copyright © 2020 Kösel-Verlag, München,
in der Verlagsgruppe Random House GmbH,
Neumarkter Str. 28, 81673 München
Umschlag: Weiss Werkstatt, München
Umschlagmotiv: © shutterstock.com/sarashowalter
Redaktion: Barbara Krause
Satz: Greiner & Reichel, Köln
Druck und Bindung: GGP Media GmbH, Pößneck
Printed in Germany
ISBN 978-3-466-34752-0
www.koesel.de

Dieses Buch ist auch als E-Book erhältlich.

Inhalt

Einleitung — 9

Übst du noch oder bist du schon glücklich? — 13

Was du davon hast, wenn du dieses Buch liest — 13
Das Streben nach Glück — 14
Der allgegenwärtige Stress — 16
Tausend Ratschläge zur Bewältigung — 18
So viel kann niemand üben — 20
Eine bahnbrechende Erkenntnis — 21
Nur drei Prinzipien — 22
Kann es so einfach sein? — 24
Ist das wirklich neu? — 27
Probier es aus! — 30

Das erste Prinzip: Gedanken und Gefühle bestimmen dein Leben — 33

Die Reise über das Meer der Gedanken — 33
Die Gedanken der anderen — 35
Ohne Gedanken erlebst du nichts — 36
Tagträume — 37
Fantasien, die du lieber links liegen lässt — 39
Gedanken, die wohltun — 41

Überlegungen, die dich weiterbringen — 42
Manche nennen es Ego — 43
Versuche gar nicht erst, dein Ego zu zerstören — 46
Ideen, die man kaufen kann — 47
Das Denken kann erschrecken oder erfreuen — 48

Was daraus folgt — 51

Es sind nicht die Umstände — 51
Es sind nicht die anderen — 55
Es ist nicht die Vergangenheit — 56
Es sind nicht die Gene — 58
Es ist nicht das Schicksal — 60
Die Vor- und Nachteile des Anklagens — 61
Die Alternative — 63
Wie die Gedanken dein Leben steuern — 64
Du fühlst, wie du denkst — 65
Du handelst, wie du denkst — 67
Du siehst, was du erwartest — 68
Die Umgebung bestätigt deine Überzeugungen — 71
Jeder lebt in seiner eigenen Erfahrungswelt — 73

Das zweite Prinzip: Du bist mehr als deine Gedanken und Gefühle — 75

Der innere Raum — 75
Was dein Bewusstsein füllt — 77
Der Beobachter in dir schaut zu — 79
Alles kommt, alles vergeht — 81
Na und? — 82
Gefühle schaden nicht — 84
Gedanken sind harmlos — 86
Der Kapitän steuert — 87

Ziele und Pläne	88
Anfänge und Fortschritte	91

Was daraus folgt — 93

Was tust du, nachdem du begriffen hast, wie die Gedanken dein Leben steuern?	93
Die negativen Gedanken bekämpfen	94
Die Entdeckung der Kognitiven Therapie	96
Die bunten Pillen	98
Vor den negativen Gedanken fliehen	99
Der Wunsch, das Denken abzuschalten	101
Meditation	102
Ablenkung	104
Arbeitssucht	105
Extremsport: der Versuch, vor den Gedanken davonzulaufen	107
Positives Denken	108
Die negativen Gefühle bekämpfen	110
Hör auf, an dir zu arbeiten	112
Tue nichts und werde glücklich	114

Das dritte Prinzip: Glück und Weisheit sind deine wahre Natur — 117

Das intelligente Universum	117
Der lebendige Planet Erde	119
Die beseelte Tier- und Pflanzenwelt	120
Das kluge Zusammenspiel der Elemente	121
Dein genialer Körper	123
Das geistreiche Gehirn	126
Alles ist intelligent, auch wenn es dir nicht immer so vorkommt	128

Was daraus folgt — 131

Wähle Gedanken und Gefühle, die deiner
   wahren Natur entsprechen — 131
Deine Verbindung zur unendlichen Intelligenz — 132
Lass dir etwas einfallen — 134
Ideen, die aus dem Nichts auftauchen — 135
Folge deinem Glück — 137
Woran du merkst, ob du auf dem
   richtigen Weg bist — 139
Glück, Gelassenheit und Liebe entfalten
   sich mühelos — 141
Je mehr du dich anstrengst, desto weniger
   erreichst du — 143
Schluss mit dem Krisenmanagement — 145
Inspiriert statt automatisch handeln — 146

Einladung ins Land der Möglichkeiten — 149

Kein Guru, keine Methode, kein Trainer — 149
Vergiss die drei Prinzipien — 151
Übe dich im Nichtstun und folge
   deinem Glück — 153

Literatur — 157

Einleitung

Ist das Leben leicht oder schwer? Sind wir auf der Welt, um Freude zu empfinden oder um uns abzuquälen? Ist das alles hier zum Lachen oder zum Weinen? Wie lässt sich mit alltäglichen Nervereien, aber auch mit echten Katastrophen so umgehen, dass die Lebenslust nicht auf der Strecke bleibt? Kann man Ängste, Ärger und Niedergeschlagenheit an sich abprallen lassen, ohne gefühllos zu werden? Wenn ja, wie?

Das sind Fragen, auf die ich eine Antwort gesucht habe. Ich habe Unmengen von Büchern gelesen, vielen weisen Menschen zugehört und unzählige Methoden ausprobiert. Etliches schien anfangs vielversprechend, stellte sich im Alltagstauglichkeit-Test aber als Luftnummer heraus. Einiges war hilfreich und funktionierte sowohl bei mir als auch bei meinen Coaching-KlientInnen. Aber vor den Erfolg schienen die Götter jede Menge Beharrlichkeit, Bereitschaft zum Üben und regelmäßiges Training gesetzt zu haben. Von einfach konnte nicht die Rede sein. Manche Ratgeber verlangen, jemand völlig anderer zu werden als der, der man ist. Muss das wirklich sein?

Da ich mich ungern anstrenge, interessieren mich leichte und angenehme Wege, ein gutes Leben zu führen. Mich hat nie überzeugt, dass man, um glücklich zu sein, mit inneren und äußeren »Schweinehunden« kämpfen und seine »Komfortzone« auf Nimmerwiedersehen verlassen muss. Wie soll das funktionieren: sich dabei abarbeiten bis zur Erschöpfung, um dann irgendwann am Ende Wohlbefinden zu erreichen? Powern, um zur inneren Ruhe zu finden? Das ist doch absurd!

Warum heißt es so oft, dass der Weg zum Wohlsein unbequem und steinig ist? Geht es nicht wirksam und wohltuend zugleich? Gibt es vielleicht eine Methode, die von Anfang an spürbar guttut und bei längerer Anwendung zunehmend besser wird?

In diesem Buch zeige ich dir das Ergebnis meiner Suche. Du erfährst, wie du mit drei fundamentalen Erkenntnissen dauerhaft Wohlsein und Klarheit erreichst.

Kein Üben, kein Training, keine Mühe, keine Arbeit – wenn du begreifst, wie das Leben ursprünglich gemeint war, und es nie wieder vergisst!

Stell dir das Leben als ein Labyrinth vor. Überall gibt es Wege, die du einschlagen könntest. Manche sehen ausgesprochen verlockend aus. Andere erscheinen öde oder überfordernd. Wo ist der kürzeste Ausweg? Bei der Suche lernt man sich selbst kennen. Wüsste jede und jeder sofort, wo es langgeht, wäre die Reise reizlos. Macht man andererseits zu viele Umwege und verrennt sich immer wieder, kommt man aus der Puste. Man möchte dann von einem Wegkundigen den entscheidenden Tipp bekommen, wie man aus der Sackgasse herausfindet. Nach vielen vergeblichen Versuchen ist man nur noch müde. Der Spaß ist vorbei. Wie ist das Labyrinth beschaffen? Welcher Weg führt ins Freie? Das ist alles, was man nun wissen möchte.

Folge mir auf dem Weg zur wahren Glückseligkeit. Weder Blut noch Schweiß noch Tränen brauchst du auf deiner Reise zu vergießen. Nein, folge mir nicht, sondern entdecke deine eigene innere Weisheit. Denn sie zeigt dir genau, wie du ans Ziel gelangst. Ich spiele dabei gerne den Reisebegleiter, der dich auf dieses und jenes hinweist, damit du selbst entscheiden kannst, wo es für dich langgehen soll. Genauso wie bei einer Reise in ein fremdes Land macht das Ganze nur Sinn, wenn du dich mit offenen Augen und offenem Herzen auf das Neue einlässt. Schau einfach, was dich anspricht. Sei neugierig. Urteile nicht sofort, sondern beobachte, sammle Erfahrungen und freue dich an deinen Entdeckungen.

Da wir eine Zeit lang gemeinsam unterwegs sein werden, schlage ich vor, dass wir uns duzen. Okay? Bist du bereit? Auf geht's!

Übst du noch oder bist du schon glücklich?

Was du davon hast, wenn du dieses Buch liest

»Warum einfach, wenn's auch kompliziert geht?« Das scheint das Lebensmotto vieler Menschen zu sein. Sie versuchen alles Mögliche, nur um am Ende festzustellen, dass das Glück so nicht zu erlangen ist. Es werden weder Kosten noch Mühe gescheut: Hochbegabten-Kita, Privatschule, Eliteuni, Einstieg in eines der weltweit tätigen Top-Unternehmen, im Turbogang die Karriereleiter hoch, weiße Villa auf dem Hügel. Wäre das der sichere Weg zur Seligkeit, hätte die Glücksforschung es uns längst mitgeteilt. Doch das ist nicht der Fall.

Ist der Lebensweg von abgebrochenen Ausbildungen, verkorksten Partnerschaften, Pleiten, Pech und Pannen gesäumt, überrascht es weniger, dass die Betroffenen unglücklich sind. Mir fällt dabei eine Talk-Show von vor Jahren wieder ein, wo der Moderator einen Gast sehr uncharmant fragte: »Wenn Sie ihr Leben noch einmal leben könnten, würden Sie wieder alles falsch machen?«

Auf der Suche nach dem Glück den Holzweg zu beschreiten, vom Weg abzukommen oder sonst irgendwie dabei zu scheitern, scheint jedenfalls leichter zu sein, als das Ziel zu erreichen.

Wie lässt sich so ein Fiasko vermeiden?

Wer auf seine innere Stimme hört, statt wie auch immer gearteten Glücksformeln zu folgen, wird niemals völlig orientierungslos durch die Landschaft irren, sondern merken, wo der individuelle Weg zum Glück entlangführt und wo nicht.

Mir hat das als Jugendlicher und als junger Erwachsener leider niemand beigebracht. Das war – wie ich heute weiß – keine böse Absicht, sondern schlicht und einfach Unvermögen. Die Menschen, von denen ich umgeben war, wussten selbst nicht, wie sie zufrieden hätten leben können. Nur hier und da tauchten manchmal Hinweise auf, meist fand ich sie in Büchern, die jedoch so verrätselt waren, dass auch mir das Glück lange ein Geheimnis blieb.

Wie bei einem großen Mosaik habe ich in langer Kleinarbeit die vielen Steinchen schließlich zu einem großen Bild zusammengefügt. Wer will, kann das gerne genauso machen. Aber vielleicht möchtest du dir die Zeit, die Kosten und die Mühe gerne ersparen. Niemand bekommt das gute Leben auf dem Silbertablett serviert, schon klar! Aber warum sollte man es sich schwerer machen, als es ist?

Deshalb habe ich dieses Buch geschrieben. Ich möchte dir das mitteilen, was ich selber gerne viel früher gewusst hätte und was dich befähigt, ohne langwierige und schmerzhafte Umwege dein Leben so zu gestalten, dass du aus vollem Herzen jubeln kannst: »Ja, das ist es!«

Das Streben nach Glück

Jeder Mensch strebt nach Glück. Sieh dir ein Baby an, wenn es satt und sauber über das ganze Gesicht strahlt und zufrieden gluckst.

Eine Viertelstunde später kann die Szenerie allerdings schon ganz anders aussehen. Das kleine Wesen schreit aus Leibeskräften, ist rot angelaufen, Ärmchen und Beinchen sind verkrampft. Was ist passiert?

Irgendetwas fehlt – die Brust der Mutter, auf dem Arm gewiegt werden, eine freundliche Stimme. Irgendetwas stört das Wohlbefinden – volle Windeln, Bauchdrücken, die Angst, verlassen zu sein. Das Baby schreit so lange, bis der Fehler behoben und sein Wohlbefinden wieder hergestellt ist.

Bei Erwachsenen ist das nicht so anders. Nur nimmt hier das Streben nach Glück bisweilen bizarre Formen an. Wer käme sonst auf die Idee, eine bestimmte Armbanduhr sei das Nonplusultra oder ein Eroberungskrieg ein brillanter Gedanke? Auch die Menschen, die vordergründig Schmerz zu suchen scheinen (bei MasochistInnen ist das überdeutlich, bei Marathonläufern oder High-Heels-Trägerinnen verdeckter), wollen eigentlich glücklich sein – bewundert, begehrt – und nehmen dafür körperliche Leiden in Kauf.

Nicht nur Menschen, alle Lebewesen möchten sich entfalten, wollen wachsen, blühen und gedeihen, atmen, leben und ihrer Bestimmung nachkommen.

Die Unabhängigkeitserklärung der Vereinigten Staaten von Amerika hat das Streben nach Glück (The Pursuit of Happiness) in den höchsten Rang erhoben und es als allgemeines Menschenrecht postuliert. Dass die Realität weit dahinter zurückbleibt, brauchen wir hier nicht zu diskutieren.

Entscheidend ist, dass Glück kein Wenn und Aber kennt, sondern nur ein Hier und Jetzt.

Nicht irgendwann – im nächsten Sommerurlaub, nach dem gelungenen Aufstieg (des Fußballvereins oder der Karriereleiter), im Rentenalter oder gar im nächsten Leben – will der Mensch glücklich sein, sondern sofort, jetzt, hier, in diesem Moment.

Lässt das Wohlbefinden zu lange auf sich warten, wächst der Eindruck, an der Nase herumgeführt worden zu sein. Genau wie bei dem Esel, dem man die leckere Karotte zwar direkt vor die Nase gehängt hat, ihn diese jedoch nie schmecken lässt. Dann ist die daraus resultierende Enttäuschung riesengroß.

Den meisten Erwachsenen hat man zwar das Schreien der Babys, das Häuser wackeln lässt, abgewöhnt. Aber schau dich einmal morgens im sogenannten Berufsverkehr um, dann weißt du, wie Menschen aussehen, deren Zufriedenheit auf dem Nullpunkt angelangt und deren Glücksstreben allenfalls noch ein klitzekleines Glimmen ist, das jeden Moment zu erlöschen droht. Dieses zarte Flämmchen, dieses Leuchten wieder zu einem kräftigen Feuer anzufachen, darum geht es in diesem Buch.

Der allgegenwärtige Stress

Was steht dem Glück entgegen?

Klarer Fall: der allgegenwärtige Stress. Im Job soll man die Arbeit für drei machen, bekommt aber nur so viel bezahlt, dass es kaum für einen reicht. Auf den Straßen wird gedrängelt, was das Zeug hält. Die Hausärztin spricht von verschiedenen Untersuchungen (»nur zur Absicherung«), die unbedingt erforderlich seien. Schlägt man eine Zeitung auf oder klickt sich im Netz durch die neuesten Nachrichten, ist von Anschlägen, Kriegsgefahr, Klimakatastrophe und fortschreitender Verblödung die Rede. In der Familie sieht es häufig ähnlich aus. Nichts läuft wie im Bullerbü der Astrid Lindgren oder wie im Werbefernsehen, wo fröhliche Kinder lustige Dinge tun und gut gelaunte Erwachsene zufrieden in der Abendsonne sitzen oder genüsslich Tütensuppen und probiotische Joghurts verzehren, als gäbe es nichts Besseres.

Der allgegenwärtige Stress

Stress, was war das doch gleich?

Auf den Punkt gebracht, entsteht Stress durch etwas, von dem man sich überfordert fühlt. Hat man die Lage im Griff, empfindet man keinen Stress. Deshalb gibt es auch keinen guten Stress, wie einige meinen. Positiv sind jedoch kurzfristige Überforderungen, die man bewältigen kann. Dadurch wird man stärker, weil das Selbstvertrauen in die eigenen Fähigkeiten wächst. Man ist nicht mehr über-, sondern herausgefordert und das kann durchaus Spaß machen. Erwähnt sei noch, dass man sich auch durch Unterforderung, sprich Langeweile, gestresst fühlen kann. Dann ist man quasi überfordert durch fehlende Reize. Menschen sind nun einmal dafür gemacht, ihre vielfältigen Fähigkeiten einzusetzen und nicht dumpf herumzuhängen. Wer vor Langeweile fast vom Stuhl fällt, ist beinahe ebenso schlecht dran wie der, der sich nie hinsetzen darf.

Was bedeutet es, die Lage im Griff zu haben?

Das Vertrauen, mit allem, was das Leben uns bringt, umgehen zu können. Das kann sich auf zwei verschiedene Weisen äußern. Entweder man ist in der Lage zu tun, was getan werden muss. Oder man akzeptiert sein Scheitern, ohne sich als Versager zu fühlen. Man verzeiht sich, nicht perfekt zu sein. Ersteres ist der äußere, Letzteres der innere Weg aus dem Stress.

Mit anderen Worten:

Stress braucht zwei Dinge, einen Reiz und eine negative Bewertung. Der Reiz allein verursacht keinen Stress.

Die Überzeugung, überfordert zu sein, ist so eine negative Bewertung. Stress bleibt für uns ein Fremdwort, sobald wir das Vertrauen entwickeln, jeder Situation gewachsen zu sein. Doch wie schafft man das?

Tausend Ratschläge zur Bewältigung

Mit Ratschlägen ist das so eine Sache. Nicht immer will man welche. Es gab in deinem Leben bestimmt Situationen, wo du dir gewünscht hast, einfach nur gesehen und verstanden zu werden. Doch alles, was du bekamst, war ein schneller Ratschlag. Aus solchen Erfahrungen ist wahrscheinlich der Ausspruch entstanden, Ratschläge seien auch Schläge.

Vielleicht hätte es dir schon geholfen, ein bisschen zu jammern und in den Arm genommen und getröstet zu werden. Ein »Mach doch mal so« hat es in solchen Situationen nicht gebracht. Der Ratschlag kam zu früh oder passte für dich nicht.

> Solange man keine innere Resonanz spürt,
> kann es passieren, dass auch ein Rat,
> der von Herzen kommt, an einem abprallt
> wie der Sommerregen am wasserdichten Anorak.

Vermutlich wurdest du bereits mit Ratschlägen überschüttet, wie du deinen Stress bewältigen sollst. Das reicht vom Tipp, regelmäßig zu joggen (»Laufe dem Stress davon«), über Ernährungsvorschriften (»Zuckerfrei – Spaß dabei«), Reisewerbung (»Island, Ort der tiefenentspannten Trolle«), Ausmalbücher (»Entspann dich endlich, verdammt«) bis zum Vorschlag, dir die Kante zu geben (»Der Tag geht, Johnnie Walker kommt«). Gegen wohltuende Bewegung, gutes Essen und Einblicke in andere Kulturen ist nichts einzuwenden. Doch die meisten Versuche, den Stress abzubauen, kratzen allenfalls an der Oberfläche. Sie sind kein bisschen nachhaltig. Ich nenne das gern ein Sahnehäubchen auf dem Alltagsstress. Will sagen: Wenn der Kuchen insgesamt misslungen ist oder einem einfach nicht schmeckt, nützt die hübscheste Deko nichts. Wer den größten Teil seines Lebens mit hoher Geschwindigkeit das Falsche tut, dem hilft hin und wieder eine Stunde Runterschalten wenig.

Was für den einen stimmt, ist zudem für die andere völlig daneben. Menschen sind höchst unterschiedlich, und das ist auch gut so, denn es macht das Leben bunt und vielfältig. Deswegen können Glückstipps wie »Kauf dir eine weiße Katze«, »Tritt einer Kirchengemeinde bei«, »Schwimm jeden Morgen zwei Stunden im nahegelegenen See« nicht funktionieren. Falls man Katzenhasser, Atheist oder ein wasserscheuer Großstadtbewohner ist, tragen solche Ideen bestenfalls zur Erheiterung bei, was ja im Prinzip auch nicht schlecht ist, aber auf Dauer leider nicht hilft.

Viele Selbsthilfebücher sind von Menschen geschrieben, die völlig anders sind als man selbst, die aber annehmen, dass man genauso werden möchte wie sie. Man liest also einen Ratschlag nach dem anderen und wundert sich immer mehr. Schließlich legt man solche Bücher entnervt beiseite. »So wird das nie was«, denkt man, »so bin ich einfach nicht und überhaupt: Warum soll ich mich so sehr ändern? Eigentlich bin ich doch ganz okay, nur nicht so richtig glücklich.« Mangels anderer Möglichkeiten greift man nach einiger Zeit zum nächsten Ratgeber, und so geht es immer weiter. Es ändert sich nichts, aber man ist bestens informiert, welche Methoden anderen Menschen angeblich geholfen haben.

Fassen wir zusammen:

Hilfreich ist nur das, was nicht an Symptomen herumdoktert, sondern die Ursachen von Stress angeht. Wirksam wird nur, was dir persönlich einleuchtet, weil du es selbst erfahren kannst. Praktisch ist nur, was du in jedem Moment unmittelbar anwenden kannst ohne Spezialausrüstung, ohne Geld wie Heu, ohne Zeit im Überfluss und ohne immer wieder in die dicken Gebrauchsanleitungen mit den tausend guten Ratschlägen schauen zu müssen.

So viel kann niemand üben

»Eigentlich bin ich ganz anders, ich komme nur so selten dazu!« Diesen Seufzer tat einst der Dramatiker Ödön von Horváth. Er spricht damit noch heute vielen Menschen aus der Seele. Man möchte sich ja weiterentwickeln, fit und gesund, zufrieden, dankbar und glücklich werden, außerdem ein guter Vater, eine raffinierte Geliebte, ein charmanter Unterhalter und eine kompetente Geschäftsfrau sein: Doch der Aufwand scheint schlicht zu groß.

Der Tag hat 24 Stunden. Wollte man sämtliche gut gemeinten Tipps umsetzen, käme niemand mehr zum Schlafen oder zum Arbeiten, geschweige denn zu anderen schönen und notwendigen Dingen.

> Was nützt die beste Methode,
> wenn sie so schwierig und zeitraubend ist?

Wer kann sich schon täglich um ein abwechslungsreiches, vollwertiges Essen, die Erziehung der Kinder, die Pflege seiner Freundschaften, alle Körperübungen und mentalen Trainings kümmern, die empfehlenswert wären? Hat man es sich nicht auch mal verdient, einfach nur auf dem Sofa zu liegen und zu entspannen?

Aber wie soll man auf diese Weise seine Ziele erreichen?

Von nichts kommt nichts. Das hört man überall. Andere schaffen es schließlich auch zum Yoga. Sie meditieren täglich und kochen nach den aktuell angesagten Ernährungsregeln – jedenfalls eine Zeit lang.

Wenn das alles bloß nicht so anstrengend wäre! Gibt es nichts Einfacheres?

Eine bahnbrechende Erkenntnis

Es war einmal ein Mann, der – 1931 in Schottland geboren – später nach Kanada auswanderte. Er war Schweißer von Beruf. Ihn plagten viele Probleme, die etliche von uns nur zu gut kennen. Eines davon war seine Unsicherheit. Er war schüchtern. Er konnte sich nicht entscheiden, was er wirklich wollte. Ihm fehlte der Mut zu vielem. Deshalb besuchte er eines Tages einen Workshop, um seine Unsicherheit loszuwerden. In der Mittagspause kam er mit dem Seminarleiter ins Gespräch. Als er diesem von seinem Problem erzählte, erhielt er die Antwort: »Du bist nicht unsicher, du glaubst nur, dass du unsicher bist.«

Bei diesen Worten ging unserem Schweißer ein ganzer Kronleuchter auf. Oder moderner ausgedrückt: Er war so was von geflasht. Er begriff, dass alles von seinem Denken abhängt. Ihm wurde klar, dass es DIE Realität nicht gibt. Es gibt viele Realitäten. Die Überzeugungen, zu denen jemand gekommen ist, bestimmen seinen Blick auf die Wirklichkeit. Er begriff, dass sämtliche unserer Wahrnehmungen gefiltert sind. Dass man überall das sieht, was man zu wissen meint.

Doch ihm wurde noch etwas anderes klar:

Unsere Gedanken, Überzeugungen und Wahrnehmungen sind nur die eine Seite. Daneben gibt es eine Kraft, die viel tiefer und allumfassender ist, als ein einzelner Gedanke es je sein könnte.

Diese Kraft existiert nicht (nur) irgendwo da draußen, sondern mitten in uns. Wir brauchen deshalb auch nicht im Außen zu suchen. Wir müssen die Weisheit nicht mit Löffeln essen, sondern lediglich dafür sorgen, unsere eigene Weisheit wahrzunehmen und in unserem Leben wirken zu lassen.

Alles, was wir suchen, tragen wir schon in uns.

Unserem Schweißer rauchte der Kopf von so vielen Erkenntnissen. Daneben spürte er eine Klarheit, die er niemals zuvor empfunden hatte. Es fiel ihm schwer, seine Entdeckung in Worte zu fassen, aber er fühlte sich so gut wie noch nie. Er war Praktiker. Ein Mensch, der zupacken konnte und wenig auf Gerede gab. Ihn interessierten nicht hochfliegende Denkmodelle, sondern nur das, was funktioniert. Beim Schweißen ging es ja auch nur darum, ob alles hielt, und nicht darum, ob man sein Tun mit besonders gepflegten Sätzen beschreiben konnte.

Dass seine Entdeckung elementar war, daran bestand für ihn kein Zweifel. Er hatte sich nichts ausgedacht. Er hatte keine neue Theorie entwickelt, sondern grundlegende Lebensgesetze durchschaut. Er glaubte nicht daran und musste es auch nicht; denn er hatte es erfahren.

Der Name des Mannes ist Sydney Banks. Er lebte von 1931 bis 2009. Um das, was er erkannt hat, geht es in diesem Buch.

Nur drei Prinzipien

Das, was Sydney Banks bewusst geworden war, hat er später in drei Prinzipien zusammengefasst: das Prinzip Gedanke, das Prinzip Bewusstsein und das Prinzip Weisheit.

Schauen wir uns das Prinzip Gedanke genauer an.

Unzählige Ideen, Vorstellungen, Fantasien, Geistesblitze, Sätze und Bilder wirbeln tagtäglich durch unseren Kopf. Es sind so unendlich viele, dass etliche Menschen sich nach einer Pause vom Denken sehnen. Sie haben den Eindruck, durch den ständigen Wirbel in ihrem Gehirn nicht mehr zur Ruhe zu kommen.

Andere dagegen sehnen sich nach Einfällen. Sie versuchen, ihre Kreativität zu wecken und anzufachen. Sie haben das Gefühl, in alten Mustern festzustecken, aus denen nichts Neues mehr entstehen kann.

Sydney Banks selbst war von der Überzeugung gequält, er sei zu unsicher, um ein gutes Leben zu führen. Dieser Gedanke hatte ihm so zugesetzt, dass er sich ständig ohnmächtig und minderwertig fühlte.

So ist das mit unseren Gedanken. Sie bestimmen, wie wir uns fühlen und wie wir handeln, ob wir froh oder niedergeschlagen sind, ob wir Energie haben oder uns alles zu viel wird, ob wir aktiv werden oder uns wie gelähmt vorkommen. Sobald wir helle Gedanken haben, strahlt unsere Welt. Produzieren wir dagegen dunkle Gedanken, sieht alles düster aus. Mit unseren Gedanken erschaffen wir unsere Welt.

Das zweite Prinzip ist Bewusstsein. Mit diesem nehmen wir wahr, was uns umgibt, was in uns vorgeht und wie wir darauf reagieren. Das Bewusstsein beobachtet. Es sorgt dafür, dass wir unsere Gedanken als real erleben. Ohne Bewusstsein könnte kein Mensch denken, fühlen oder handeln. Wir haben die Möglichkeit, sehr unbewusst durchs Leben zu gehen oder auch sehr bewusst.

Das dritte Prinzip ist Weisheit. Sie ist in uns, aber sie ist gleichzeitig viel größer als wir. Schau dir eine Kastanie an, die im Herbst als reife Frucht vom Baum fällt. Sie ist so klein, dass du sie mühelos mit deinen Fingern umschließen kannst. Gelangt sie aber in die Erde, entwickelt sie sich zu einem riesigen Baum. Wie sie wachsen und gedeihen muss, um ein großer, kräftiger Kastanienbaum zu werden, diese Informationen sind bereits in der kleinen Frucht enthalten.

Auf ähnliche Weise bist du selbst entstanden. Aus einer winzigen Eizelle und einem mit bloßem Auge nicht erkennbaren Samen ist ein ausgewachsener Mensch geworden.

Die Kraft, die das bewirkt, folgt einer Intelligenz oder Weisheit, die wir trotz aller wissenschaftlichen Erkenntnisse nicht wirklich verstehen. Man kann sie auch höhere Intelligenz oder Lebensenergie nennen. Sie durchfließt alle Wesen. Sie verbindet uns untereinander und jedes einzelne Objekt mit dem Universum.

Das ist – kurz gefasst – die Erkenntnis von Sydney Banks.

Ihm war bewusst geworden, was die Welt im Innersten zusammenhält und was ihn selbst, als winzigen Teil dieser Welt, bestimmt. Das ist einerseits eine allumfassende, tiefe Einsicht. Andererseits besteht sie aus nur drei Prinzipien, die jeder und jede verstehen kann.

Kann es so einfach sein?

Ist das nicht zu simpel? Alles soll mit nur drei Prinzipien erklärbar sein? Kann etwas, das so einfach ist, wahr sein? Wäre man dann nicht schon viel früher darauf gekommen?

Das sind Fragen, die einem durch den Kopf gehen, wenn man sich mit dem, was Banks gefunden hat, auseinandersetzt.

Ist die Welt dafür nicht zu komplex? Haben wir nicht bereits als Kinder gehört: »Das ist zu kompliziert für dich. Das begreifst du noch nicht«? Aber auch als Erwachsene haben viele Menschen den Eindruck, nur wenig wirklich zu verstehen. Sie sind einer Ereignis- und Informationsflut ausgesetzt, die sie überfordert.

> In der Regel glauben wir, dass nur etwas,
> das kompliziert ist, auch wirklich wahr sein kann.
> Einfache Wahrheiten lehnen wir ab.

Ist es nicht die bittere Medizin, die heilt, und die schmerzhafte Behandlung, die wirkt? Was einfach, leicht und angenehm ist, scheint zu schön, um wahr zu sein, oder?

Darf man einem Schweißer, also einem einfachen Mann aus dem Volk, überhaupt glauben? Müsste es nicht wenigstens ein Klinikleiter, eine Professorin, ein Mönch mit kahl geschorenem Kopf und orangener Kutte oder besser noch ein Nobelpreisträger sein, der Wesentliches über das Leben und die Welt zu sagen hat? Was bildet sich dieser Handwerker eigentlich ein?

Tatsächlich war es so, dass Sydney Banks mit seiner Erkenntnis zwar in den 1970er Jahren in den USA eine gewisse Beachtung fand. Aber die Wirkung seiner Einsichten wäre wohl sehr überschaubar geblieben, hätten sich nicht einige PsychologInnen für das interessiert, was ihn begeisterte.

Ich gebe zu, dass auch ich zu denjenigen gehöre, die skeptisch sind, was allzu einfache Wahrheiten betrifft, und Menschen, die behaupten, sie hätten den Stein der Weisen gefunden, misstrauisch begegne. Auf Sydney Banks wäre ich vermutlich nie aufmerksam geworden, hätte nicht Gary Emery ihn in einem seiner Bücher erwähnt. Jetzt fragst du bestimmt: Und wer, bitte schön, ist Gary Emery? Sein Name ist mit der Kognitiven Therapie verbunden, die von Aaron T. Beck begründet wurde. So, und damit wären wir endlich bei einer wissenschaftlichen Autorität angelangt, denn Beck hat, zusammen mit Leuten wie Albert Ellis, Donald Meichenbaum und Martin Seligman, die Psychotherapie revolutioniert. Galt bis in die 1970er Jahre noch überall die Meinung, die Umstände allein seien für unsere Gefühle und Handlungen verantwortlich (das Sein bestimmt das Bewusstsein), so stießen die Genannten diese Ansicht komplett um. Sie postulierten einen neuen, bahnbrechenden (einfachen) Satz:

> Wir fühlen und handeln so,
> wie wir denken.

Das bedeutet nicht weniger, als dass die Umstände nur so weit Einfluss auf uns haben, wie wir das innerlich zulassen. Mit den Handlungen, die auf unseren Gedanken beruhen, gestalten wir unsere Welt. Also bestimmt das Bewusstsein das Sein. Okay, das ist jetzt alles ein bisschen verkürzt. Aber wenn man diese neuen Erkenntnisse auf die Ebene von Prinzipien bringen will, dann trifft es zu.

Die Kognitive Therapie gehört zu den wenigen empirisch untersuchten Verfahren. Ihre Wirksamkeit ist in Hunderten von Studien belegt. Sie hilft bei Depressionen, Angstzuständen und vielen anderen emotionalen Problemen.

Nun zurück zu Gary Emery. Er hat zusammen mit Aaron T. Beck die wesentlichen Standardtexte zur Kognitiven Therapie verfasst. Dabei fiel ihm vor allem die Rolle zu, praktische Anwendungsmöglichkeiten zu entwickeln. Da diese neue Therapie zwar wesentlich kürzer ist als beispielsweise die Psychoanalyse, aber immer noch relativ lange dauert, blieb Emery auf der Suche nach Verfahren, die in kürzester Zeit helfen. So entwickelte er später zusammen mit James Campbell ein Verfahren, das er Rapid Cognitive Therapy (Schnelle Kognitive Therapie) nannte. Bei seiner Suche stieß er offenbar auch auf die drei Prinzipien von Sydney Banks, in dessen Philosophie er Ähnlichkeiten zu seinen Erkenntnissen entdeckte.

Können universelle Wahrheiten so einfach sein? Dürfen sie es überhaupt sein? Widerspricht das nicht allem, was den Anschein der Richtigkeit in sich trägt?

Vielleicht macht es mehr Sinn, sich die umgekehrte Frage zu stellen. Kann eine grundlegende Aussage über unsere Existenz zutreffen, wenn sie dermaßen kompliziert ist, dass nicht einmal ihre Entdecker sie richtig verstehen, geschweige denn anwenden können?

Wenn du nachts in den Sternenhimmel schaust oder tagsüber auf das Meer blickst und den Wellen lauschst, die in einer nie endenden Bewegung kommen und gehen, ist das nicht ebenso einfach wie elementar? Durchströmt dich in so einem Moment nicht eine Ruhe und Klarheit, die du sonst oft schmerzlich vermisst? Steckt in so einem Augenblick nicht eine unfassbare Wahrheit: das Werden und Vergehen, aber auch die Unendlichkeit, die Weite, die Vielfalt und die Verbundenheit mit allem?

Ist das wirklich neu?

Ebenso wie in der Mode, wo es fortlaufend neue Trends gibt, tauchen auch bei der Suche nach dem guten Leben immer wieder Methoden, Tipps und Tricks auf, die als das letzte, heiße Ding beworben werden. Verkaufen lässt sich nun einmal am besten, was das Etikett »neu« oder »noch nie da gewesen« trägt. Man möchte up to date sein und der Entwicklung auf gar keinen Fall hinterherhinken.

Mir persönlich kommt es nicht darauf an, ob etwas neu ist, sondern nur, ob es gut ist, also funktioniert. Was sich bewährt, merkt man ohnehin erst nach einer Zeit des Ausprobierens. Andererseits lässt sich mit einer gewissen Berechtigung fragen, ob etwas Altes wirklich gut sein kann.

Sydney Banks hat nie behauptet, dass seine Erkenntnisse neu seien und schon gar nicht, er habe das alles erfunden. Er war sich sicher, keine Methode entwickelt, sondern Naturgesetze erkannt zu haben. Er verglich die drei Prinzipien gerne mit der Schwerkraft. Es macht keinen Sinn, an die Schwerkraft zu »glauben« oder sie abzulehnen. Tatsache ist, dass die Schwerkraft wirkt. Wer sie ignoriert, erfährt die Folgen unmittelbar. Denn er wird Tassen, Teller und alles nur mögliche andere auf den Boden fallen lassen und anschließend die Scherben zusammenkehren müssen.

> Genauso verhält es sich, wenn einem die drei Prinzipien unbekannt sind: Man verursacht in seinem Leben und in seiner Umgebung ein Chaos, ohne zu wissen, wie es dazu kommen konnte.

Schauen wir uns das am Prinzip Gedanke genauer an.

Wir fühlen, wie wir denken. Was wir fühlen, sind unsere Gedanken. Sind unsere Gedanken optimistisch, spüren wir Hoffnung. Denken wir pessimistisch, stellen sich Angst und Verbitterung ein. Meinen wir, eigene oder fremde Erwartungen nicht erfüllen zu können, fühlen wir uns gestresst. Kein einziges Gefühl entsteht ohne einen Gedanken.

Ist das neu? Nein, das ist so, seit es Menschen gibt. Wir funktionieren auf diese Weise. Es entspricht unserer inneren Natur. Trotzdem ist diese Erkenntnis bislang erst einem kleinen Teil der Menschheit wirklich bewusst geworden.

Hier ein Beispiel: Nehmen wir an, Vanessa trennt sich von Robin. Robin ist am Boden zerstört. Vanessa ist seine große Liebe. Er findet sein Leben ohne Vanessa sinnlos. Seine Gefühle gehen wie bei einer wilden Achterbahnfahrt auf und ab. Da ist Liebe, aber auch Verzweiflung. Da ist Zärtlichkeit, aber auch Wut. Wo kommen Robins Gefühle her? Ich wette, dass ungefähr neunzig Prozent deiner Freunde darauf antworten würden: »Die Trennung von Vanessa hat Robin unglücklich gemacht. Ist doch klar, dass man voll durchhängt, wenn die Traumfrau einen verlässt. Ich habe das auch schon erlebt. Es ist furchtbar!«
Hat tatsächlich die Trennung all die widersprüchlichen Gefühle bei Robin hervorgerufen? Oder ist auch eine ganz andere Reaktion auf dieses Ereignis möglich? Wie wäre es, wenn Robin zwar bedauern würde, dass es mit Vanessa nicht funktioniert hat, aber sich darüber im Klaren wäre, dass beide nicht zusammenpassten. Sonst hätte Vanessa sich ja nicht von ihm getrennt. Robin könnte schon im Moment des Abschieds von Vanessa darauf vertrauen, dass er eine andere Liebe finden wird. Sogar als Single hätte er die Möglichkeit, glücklich zu sein. Wäre ihm das alles bewusst, würde er weder unter der Trennung leiden noch wütend auf Vanessa sein. Im Grunde genommen könnte er sogar froh sein, dass sie als Erste gemerkt hat, dass ihre Beziehung keine Zukunft hat. So ist er frei, seine Traumpartnerin zu finden.

Was unterscheidet diese beiden Arten, mit der Trennung umzugehen? Es sind die Gedanken. Daraus folgen ganz verschiedene Gefühle und Handlungen. Robin kann so oder so reagieren. Alles ist bei Trennungen möglich. Der eine geht hin und erschießt sich oder seine Ex-Partnerin, der andere wünscht ihr von Herzen alles Gute und sucht sich eine neue Freundin, mit der er sogar noch glücklicher wird.

Jeder von uns hat mehrere Möglichkeiten. Nichts ist festgelegt. Das ist keine Frage des Typs, sondern eine Frage der Bewusstheit und der Entscheidungen. Mag sein, dass einem nach einer Trennung vieles durch den Kopf geht. Aber welchen Gedanken man Aufmerksamkeit schenkt, welche man glaubt, welche man verwirft und welche man in die Tat umsetzt: Das entscheidet jeder und jede selbst.

Sydney Banks wurde seine Freiheit, mit den eigenen Gedanken sein Leben zu steuern, in dem Moment bewusst, als der Seminarleiter ihm sagte: »Du bist nicht unsicher. Du glaubst nur, dass du unsicher bist.« Für Banks war diese Erkenntnis neu. Sein Leben war danach ein anderes als zuvor. Aber letztlich hatte er nur etwas erkannt, was seit Anbeginn der Menschheit existiert, nämlich die Freiheit, wählen zu können. Anders als die meisten Tiere sind wir in unserem Denken, Fühlen und Handeln nicht festgelegt. Wir haben unzählige Möglichkeiten, unser Leben zu gestalten.

Ist das neu? Ist die Methode gerade angesagt?

Ich weiß nicht, wie du darüber denkst, wenn du das Buch gelesen hast. Aber ich kann dir sagen, wie ich die Dinge sehe. Mich interessiert nicht im Geringsten, ob eine Idee neu oder alt ist, von wem sie stammt und wie viele darüber sprechen oder sie befolgen. Ich probiere sie einfach aus. Dabei stelle ich fest, dass die meisten Methoden nicht halten, was sie versprechen. Einige haben einen kurzzeitigen Effekt oder gar keinen. Anderes ist wahnsinnig kompliziert und nicht alltagstauglich.

Wenn ich den Eindruck habe, an einer Idee könnte etwas dran sein, dann beschäftige ich mich weiter mit ihr, auch wenn ich nicht alles auf Anhieb kapiere. Ich warte ab. Manchmal finde ich nach einiger Zeit andere Menschen, die mir die Idee besser erklären können. Oder ich versuche es nach zehn Jahren noch einmal – und plötzlich klappt es! Warum? Keine Ahnung, das Leben ist eben rätselhaft. Es geht nicht immer alles geradlinig aufwärts.

Auf diese Weise habe ich eine Reihe von wunderbaren Möglichkeiten gefunden, die mein Leben völlig verwandelt haben. Dazu zähle ich die ursprüngliche Lehre des Buddha, die Philosophie der Stoiker, die Rational-Emotive Verhaltenstherapie, die Kognitive Therapie und noch ein paar andere. Auch die drei Prinzipien von Sydney Banks gehören dazu.

Sie sind nicht neu. Sie funktionieren bloß.

Probier es aus!

Jetzt könntest du einwenden: »Na ja, schön, dass du so überzeugt bist von den drei Prinzipien. Aber mir sind schon oft Wunderdinge versprochen worden. Und was ist dabei herausgekommen? Nichts!«

So zu denken ist völlig okay. Mir geht es wie gesagt genauso.

> Mich überzeugt auch nur das, was ich selbst erfahren habe. Doch um Erfahrungen machen zu können, muss man experimentieren.

Deshalb bin ich selbst immer meine allererste Testperson. Bevor ich meinen Coaching-KlientInnen etwas vermittle, muss ich von dem Nutzen überzeugt sein. Und ich sagte ja eben, dass die allermeisten Ideen oder Methoden bei diesem Praxistest scheitern.

Um unter realistischen Bedingungen zu experimentieren, muss man bereit sein, sich wirklich auf die Ideen einzulassen. Sie nur kurz im Vorübergehen zur Kenntnis nehmen, mit den Schultern zucken und weitergehen, reicht nicht.

Falls dir sofort Gedanken in den Kopf kommen wie: »Ich kann mir nicht vorstellen, dass das so gut ist, wie hier erzählt wird«, »Vielleicht ist das was für andere, ich bleib lieber bei meinem Sokrates«, gibst du dem Ganzen keine echte Chance. So kann es nicht klappen.

Angenommen, du hättest als Kleinkind so reagiert. Beim Laufenlernen wärst du ein paar Mal unsanft auf dem Hintern gelandet und hättest daraufhin beschlossen: »Damit bin ich ein für alle Mal fertig. Laufen ist nichts für mich. Dafür bin ich nicht der Typ. Ich verbringe mein Leben lieber im Kinderwagen.«

Hättest du so reagiert, wäre dir der ganze Spaß des Laufens, Tanzens, Springens verborgen geblieben. Dranbleiben gehört zum Spiel dazu. Sag lieber: »Woher soll ich wissen, ob es funktioniert, wenn ich es nicht wirklich versucht habe?«

Was die drei Prinzipien angeht, ist es so einfach wie nur irgend möglich. Eigentlich brauchst du nicht einmal zu üben. Verstehen reicht schon.

Das erste Prinzip: Gedanken und Gefühle bestimmen dein Leben

Die Reise über das Meer der Gedanken

Jeden Tag gehen uns Unmengen von Gedanken durchs Hirn. Dem einen mehr, dem anderen weniger. Aber es kommt in jedem Fall ganz schön viel zusammen. Es gibt Lieblingsansichten, Denkmuster, Glaubenssätze, ungewohnte Einfälle, schräge Ideen, unangenehme Vorstellungen, schöne Träume, Vorlieben, Abneigungen und einen Haufen von Alltagsüberlegungen (»Ich muss noch den Müll rausbringen und Erdbeeren kaufen«). Vieles von dem, was uns durch den Kopf schießt, bleibt mehr oder weniger unbewusst. Wir denken nahezu pausenlos, bemerken das jedoch nur hin und wieder.

Stell dir jeden deiner Gedanken als einen Wassertropfen vor. Schnell ist ein Eimer, dann eine Badewanne und bald sogar ein ganzer See gefüllt. Und irgendwann ist ein richtiges Meer entstanden. Unser Leben ist die Reise über dieses Gedankenmeer. Die Gedanken tragen uns, sie plätschern hier vorbei, rollen von dort heran, schlagen manchmal hohe Wogen oder kräuseln sich leicht in der Sonne. Es sind so viele, dass es unmöglich ist, sie alle im Blick oder gar im Gedächtnis zu behalten. Alte Gedanken gehen unter und verschwinden, neue entstehen und tauchen auf. Es ist ein ständiges Kommen und Gehen. Würde dich heute jemand daran erinnern, was du vor zwanzig Jahren gedacht hast (vorausgesetzt, du bist schon alt genug, mindestens zwanzig Jahre auf der Welt zu sein), könntest du es kaum fassen. »So ein Quatsch«, aber auch »Schau mal einer an«, denkst du heute über deine Ideen von damals. Man denkt halt viel, wenn der Tag lang ist.

Es kann passieren, dass man in das Gedankenmeer fällt und heftig strampelnd droht, in der Angst zu versinken. Oder man lässt sich ruhig und entspannt auf der Oberfläche treiben. Ein anderes Mal fährt man in einem Boot über dieses Meer hinweg, steht an der Reling, schaut auf die Gedankenwellen und genießt die Fahrt. Und manchmal ist das Meer so klar, dass man bis auf den Grund schauen kann.

Woher kommen all diese Gedanken?
Du hast sie dir selbst ausgedacht. Oder du hast sie von anderen übernommen. Du kannst nahezu jeden beliebigen Gedanken haben. Du bist unglaublich produktiv und kreativ im Denken. Das gesamte Gedankenmeer hast du selbst hervorgebracht mithilfe deiner Sinne und deines Denkvermögens.

Es heißt, jede Reise beginnt mit einem ersten Schritt. Tatsächlich beginnt jedes Vorhaben mit einem ersten Gedanken. Was man sich nicht vorstellen kann, kann man auch nicht tun. Was man für unmöglich hält, wird man nie verwirklichen. Doch alles, was man sich in den Kopf setzt, hat Chancen, Realität zu werden. Was heute noch undenkbar erscheint, kann morgen schon wahr werden. Ein Gedanke erblickt das Licht der Welt, sobald du ihn denkst. Er ist da und nicht mehr wegzudenken. Aber es ist nur ein Gedanke, mehr (noch) nicht.

Ein bekanntes Zitat lautet: »Der Kopf ist rund, damit das Denken die Richtung ändern kann.« Will sagen: Wir müssen nicht immer dasselbe denken und nicht immer dasselbe tun. Wir sind immer nur einen Gedanken von etwas Neuem, Besserem, Unerhörtem, noch kaum Wahrnehmbarem entfernt. Es liegt an uns, ob wir es wahr machen wollen.

> Unsere Gedanken sind eine große Kraft. Die größte,
> die wir haben. Was Steuerrad und Ruder für ein Boot sind,
> sind deine Gedanken für dein Leben.

Die Gedanken der anderen

Nicht alle Gedanken, die sich in deinem Kopf ausbreiten, stammen ursprünglich von dir. Indem du vom ersten Tag an die Lauscher aufgestellt hast, hast du einen ganz erheblichen Teil von anderen übernommen. Das ist normal. Dadurch lernen wir viel Nützliches, aber leider auch den ganzen Irrsinn, der in einer Gesellschaft von einer Generation zur nächsten weitergereicht wird. Trotzdem kein Grund, sich aufzuregen.

Schließlich kommen wir nur mit einem minimalen Grundprogramm ausgestattet auf die Welt. Erst nach und nach beginnen wir, uns einen eigenen Reim auf die Welt zu machen. Zunächst ist es unerlässlich, erst einmal die Gedanken von anderen aufzunehmen. Eltern, Verwandte, Freunde, Lehrerinnen, Ausbilder, Medien: Sie alle setzen uns Ideen in den Kopf. Solange wir noch ganz klein sind, glauben wir alles, was uns erzählt wird, egal wie vertrauens(un)würdig unsere Quellen sind.

Doch nach und nach machen wir uns immer mehr eigene Gedanken. Wir hören auf, an den Weihnachtsmann zu glauben, merken, dass Papi nicht alles kann und sogar Mami nicht perfekt ist. Wir zweifeln plötzlich an, was einige Lehrer behaupten, und beginnen zu widersprechen. Nein ist ein mächtiges Wort und der Beginn von Unabhängigkeit.

Selbst und eigenständig zu denken, bleibt eine Lebensaufgabe. Sie erfordert Zeit und sogar Mut, denn am einfachsten ist es, Hurra oder Buh zu schreien, wenn andere es vormachen.

> Die Gedanken der anderen können uns auf die
> richtige Spur bringen oder weit davon entfernen.

Es ist sehr aufschlussreich, wenn wir uns immer mal wieder klarmachen, woher bestimmte Gedanken eigentlich kommen. Wer hat uns das vermittelt? Stimmt das überhaupt? Haben wir das überprüft?

Ohne Gedanken erlebst du nichts

Egal, ob du gegen Gedankenwellen kämpfst, dich von ihnen tragen lässt, mit ihnen schwimmst oder auf ihnen reitest, ohne Gedanken wäre dein Leben leer.

Wenn in China der berühmte Sack Reis umfällt und du nichts davon hörst, steht er noch, jedenfalls für dich, in deiner Vorstellung. Genauso kannst du dich über eine Meldung gründlich aufregen, bis du erfährst, dass es eine Falschmeldung war.

Unsere persönliche Realität besteht nur aus unserer Gedankenwelt.

Was man nicht weiß, macht einen nicht heiß. Es lässt einen genau genommen nicht einmal kalt, weil es für einen überhaupt nicht existiert.

Jeder macht sich über ganz unterschiedliche Dinge Gedanken. Deshalb leben wir in verschiedenen Welten. Eine Köchin, die die Zutaten für ein Menü zusammenstellt, sammelt andere Ideen als jemand, der Blindgänger sprengt. Die Erzieherin, die zwanzig Kleinkinder betreut, denkt anders als der Archivar, der Tag für Tag von Aktenbergen umgeben ist. Wer Zitronenbäumchen anpflanzt, dessen Innenwelt sieht anders aus als die von einem Soldaten im Kriegsgebiet.

Dennoch darf die Tatsache, dass wir in unterschiedlichen Umgebungen leben, nicht dazu verleiten, zu glauben, dass es doch die Umstände sind, die uns prägen. Sieben Kinder, die in derselben Familie aufwachsen und von denselben LehrerInnen unterrichtet werden, entwickeln sich doch zu selbstständigen Individuen, deren Lebenswege am Ende nicht vergleichbar sind. Alles hängt davon ab, welche Eindrücke sie mit ihren Sinnen aufnehmen, wem sie aufmerksam zuhören und wem nicht, was sie sich merken und welche Bedeutung sie ihren Erfahrungen geben.

Ständig teilen wir Dinge ein, in solche, die uns betreffen, und in andere, die uns gleichgültig sind. Wir bewerten etwas als gut oder böse, urteilen über andere und uns selbst, sind mit dem Kopf in den Wolken oder bei dem, was wir gerade tun, beschäftigen uns mit der Vergangenheit, der Zukunft oder leben in der Gegenwart.

Hast du schon einmal über den Satz »Jeder macht seine Erfahrungen« nachgedacht? Im Allgemeinen wird er aus einer Opferhaltung heraus verstanden: Dir passiert dies, mir jenes und am Ende ziehen wir Bilanz. Der Satz beinhaltet jedoch viel mehr, als den meisten bewusst ist. Er bedeutet, dass wir unsere Erfahrungen herbeiführen, sie erschaffen.

Tagträume

Was hast du heute Nacht geträumt? Erinnerst du dich noch daran? Viele Menschen vergessen ihre nächtlichen Träume, sobald sie wach werden. Noch mehr Menschen aber ist nicht bewusst, wie oft sie tagsüber träumen.

Träume können etwas sehr Schönes sein. Am Beginn vieler umwälzender Ereignisse, die das Leben der Menschheit verbessert haben, stand ein Traum: der Traum vom Fliegen, der Traum von einem leichteren Leben, der Traum von Freiheit, Gleichheit und Brüderlichkeit (wir ergänzen: Schwesterlichkeit).

> Ohne Träume wäre vieles
> niemals Realität geworden.

Legendär ist die Rede von Martin Luther King, in der er von seinem Traum berichtete, die Diskriminierung der schwarzen Bevölkerung in den USA zu überwinden (»I have a dream«). Gandhi träumte davon, Indien von kolonialer Vorherrschaft zu befreien.

Wir alle brauchen Visionen, damit unser Tun nicht im Sumpf des Status quo stecken bleibt oder sich im Alltäglichen verliert. Wer nur tut, was er immer schon gemacht hat und keinen Millimeter darüber hinausdenkt, hat sein Großhirn umsonst bekommen.

Es gibt jedoch auch eine bedenkliche Seite von Tagträumen. Wer ständig mit dem Kopf in den Wolken ist, verpasst leicht sein Leben hier auf der Erde. Er ergeht sich in Illusionen, tut aber nichts, um das, was sinnvoll, machbar und möglich wäre, umzusetzen. Die Bodenhaftung fehlt. Die Pläne sind groß, doch die Taten klein.

Oft ist es einem nicht bewusst, wenn man in Tagträume abdriftet. Man verstrickt sich in eine Diskussion, in der es nicht mehr um Tatsachen, sondern nur noch um Verdächtigungen, Vermutungen und Unterstellungen geht. Man fantasiert über andere, ohne diese überhaupt näher zu kennen. Man macht (!) sich intensiv Sorgen wegen etwas, was tatsächlich niemals eintreten wird. Man sehnt sich danach, etwas von anderen Menschen zu bekommen, was diese einem gar nicht geben können, nicht einmal wenn sie es wollten.

Eine Bekannte von mir war fest davon überzeugt, bei einem privaten Treffen von Arbeitskolleginnen nicht willkommen zu sein. Erst als sie es wagte, die Initiatorin des Treffens direkt darauf anzusprechen, stellte sich heraus, dass diese sie – ebenso wie alle anderen – herzlich eingeladen hatte. Meine Bekannte hatte das schlicht überhört. Sie registrierte nur das, was sie erwartete. Es ging sogar noch weiter: Sie erinnerte sich sogar noch an die Einladung, aber sie hatte diese so interpretiert, als ob sie nicht ernst gemeint gewesen sei.

Aufgrund des Gesprächs wurde ihr zum ersten Mal so richtig

klar, dass sie häufig das Gefühl hatte, abgelehnt zu werden. Diese Überzeugung hatte ihr Leben zu einem großen Teil bestimmt.

Um solche Fehlannahmen zu vermeiden, lohnt es sich, die eigenen Vorurteile immer mal wieder zu überprüfen: Was sind die Fakten? Stimmt es tatsächlich, was ich mir hier einrede? Wo ist der Beweis dafür?

Auf diese Art kann man sich vor falschen Schlüssen bewahren und aus Denkspiralen, Selbsttäuschungen und Einbildungen auf den Boden der Tatsachen zurückholen.

Fantasien, die du lieber links liegen lässt

»Wer träumt nicht gern ins Blaue, wer baut keine Luftschlösser«, mit diesem Sprichwort hat der französische Regisseur Eric Rohmer seinen Film »Die schöne Hochzeit« eingeleitet. Er erzählt darin die Geschichte einer jungen Frau, die es sich plötzlich in den Kopf setzt, zu heiraten. Den passenden Ehemann hat sie bereits gefunden. Pech nur, dass dieser weder von ihrem Entschluss weiß, noch ihren Wunsch teilt, sich zu binden. Nach einigen Verwicklungen nimmt alles ein gutes Ende. Nein, es gibt keine Hochzeit. Aber der Frau gelingt es, ihre lebhafte Fantasie mit Humor zu nehmen und sich erfolgversprechenderen Kandidaten zuzuwenden.

Warum sollte man sich nicht alles Mögliche vorstellen? Was ist schlimm an Luftschlössern? Was spricht gegen Träume ins Blaue, solange man Spaß dabei hat und weiß, dass man träumt?

> Nicht die Fantasien sind das Problem,
> sondern dass wir sie häufig viel zu ernst nehmen.

Nun ist eine imaginierte Hochzeit nichts, wovor man warnen müsste. Anders verhält es sich mit Angst-, Gewalt- und Horror-Fantasien, auch in Form von Thrillern. Wir können uns alles vorstellen. Je mehr Kreativität ein Mensch besitzt, desto wilder sieht es in seinem Kopf aus. Aber warum, um alles in der Welt, sollte man sich in Horror-Vorstellungen vertiefen? Was soll das bringen? Was verspricht man sich davon?

Falls es um die Sehnsucht nach intensiven Gefühlen geht, würde es sich lohnen, stattdessen die eigene Sensibilität zu schulen und achtsamer zu werden. Dann braucht es keine starken Reize, um sich selbst zu spüren. Geht es darum, in Kontakt mit seinen Ängsten zu kommen, wäre es besser, sich direkt und konstruktiv mit seinen Befürchtungen, Sorgen und Nöten zu befassen. Besteht das Motiv für den Konsum von brutalen Krimis darin, vor anderen als knallharter Typ dazustehen, der beim Anblick von Grausamkeiten nicht die Miene verzieht, wäre es sinnvoller, Tatort-Reiniger zu werden.

Frauen schauen angeblich vor allem deswegen Horrorfilme, um zu wissen, wie sie sich in vergleichbaren Fällen schützen können. Abgesehen davon, dass es höchst unwahrscheinlich ist, von menschenfressenden Replikanten verfolgt zu werden, gibt es auch hier effektivere Strategien.

Untersuchungen haben gezeigt, dass SchauspielerInnen, die regelmäßig depressive Menschen oder Opfer von Gewalttaten spielen, ein höheres Risiko haben zu erkranken als andere Personen. Offensichtlich reicht die Vorstellungskraft, ihr Immunsystem fast genauso zu schwächen, als ob sie die Dinge tatsächlich erleben würden.

Aber nicht nur das. Was Filmproduzenten und Regisseure an Horror-Fantasien hervorbringen, ist schon problematisch. Unser selbstfabriziertes Kopfkino ist jedoch oft noch viel beklemmender, weil wir es auf unsere größten Befürchtungen abstimmen können. Ängste und Sorgen sind der falsche Weg, um mit schwierigen Situationen umzugehen. Zu Unrecht glauben viele, dass Sorglosigkeit sie anfälliger für Probleme machen würde. Das Gegenteil ist der Fall. Sie sehen Gefahren selbst dort, wo keine sind. Statt sich mit Gespenstern zu beschäftigen, informiert man sich lieber über tatsächliche Risiken und beugt diesen wirksam vor.

Das Meer der Gedanken ist etwas für kühne Surfer und geschickte Seglerinnen. Es besteht aus inspirierenden Visionen, stärkenden Ideen, aber auch aus deprimierenden und erschreckenden Gedanken. Worin sollte der Sinn liegen, ständig auf Beängstigendes zu blicken, das sich darin befindet?

Mit jeder neuen Atemwelle tauchen frische Gedanken auf, die neue Perspektiven eröffnen.

Sich auf Erfreuliches auszurichten
ist nicht naiv, sondern klug.

Hohe Berge besteigt man nicht, indem man so lange in den Abgrund starrt, bis einem schwindlig wird, sondern indem man den Gipfel im Auge behält und mutig den nächsten Schritt macht.

Gedanken, die wohltun

Bleiben wir ruhig noch bei der Bergtour. Wie bei jeder anderen größeren Aufgabe plant man den Anstieg sorgfältig. Man informiert sich über das Terrain, den Schwierigkeitsgrad und den zeitlichen Umfang. Man holt Tipps und Tricks von denen ein, die den Aufstieg bereits geschafft haben. Man stellt sich vor, wie man sein Ziel erreicht und auf dem Gipfel steht. Sorgfältig bereitet man sich körperlich und geistig auf die Bergtour vor. Dann geht man los und fokussiert sich auf das Tun. Ruhig und konzentriert macht man Schritt für Schritt. Man eilt mit den Gedanken weder voraus noch bleibt man zurück.

Indem man gegenwärtig ist, verheddert man sich mit seinen Gedanken weder in Vergangenem noch lässt man sich von Sorgen um Zukünftiges die Energie rauben.

Mag sein, dass man gestern gestolpert ist. Mag sein, dass man sein Tagespensum nicht erreicht hat. Daran lässt sich nichts mehr ändern. Es ist, wie es ist. Heute ist ein neuer Tag. Auf diesen kommt es an. Auch das, was morgen sein könnte, ist im Moment unwichtig. Niemand kennt die Zukunft. Man hat die Tour gut vorbereitet. Sollten Hindernisse auftauchen – und es tauchen immer welche auf –, wird man sehen. Entscheidend ist, was jetzt ist.

Von allen Gedanken, die einem in den Kopf kommen, lässt man die vorüberfließen, die sich mit etwas beschäftigen, was nicht (mehr) zu ändern ist. Ebenso wenig gibt man Überlegungen Raum, die sich auf Dinge beziehen, welche vermutlich niemals eintreten werden. Wir alle haben keine Ahnung, was in einem Jahr, in einem Monat oder in einer Woche sein wird. Wir wissen nicht einmal sicher, was in einer Stunde passiert. Deshalb ist es überflüssig, ständig Sorgen zu wälzen.

Gedanken, die wohltun, sind solche, die dich stärken, dich beleben und dir ein warmes Gefühl geben. Achte einmal darauf, wenn dir solche Ideen durch den Kopf gehen, und verweile ein wenig dabei. Aaaah, das tut gut!

Überlegungen, die dich weiterbringen

Sich auf Erfreuliches auszurichten, ist nicht naiv, sondern klug, habe ich vorhin geschrieben. Das heißt aber nicht, niemals über Hindernisse nachzudenken. Ganz im Gegenteil: Ich halte viel davon, einen Plan B und C und D zu machen. Denn wenn du das tust und dir Alternativen schaffst, werden Hindernisse dich nicht aufhalten, denn du konzentrierst dich darauf, auftauchende Schwierigkeiten mit im Voraus ausgetüftelten Lösungen zu überwinden.

Selten läuft alles so, wie wir es am liebsten hätten. Das sind alltägliche Erfahrungen. Doch wenn ein Weg versperrt ist, macht das nichts. Dann ziehst du eben deinen Plan B aus der Tasche.

Nehmen wir an, du suchst eine schöne und bezahlbare Wohnung. Du entdeckst sie sogar, aber weil noch fünfzig andere scharf darauf sind, bekommst du keinen Mietvertrag. Also suchst du weiter. Vielleicht veränderst du deine Suchkriterien ein Stück weit, um weniger Konkurrenz zu haben. Möglicherweise stellst du dich persönlich bei Wohnungsunternehmen vor, statt nur zu öffentlichen Besichtigungsterminen zu gehen. Vielleicht checkst du deinen Bekanntenkreis noch einmal intensiv, ob jemand darunter ist, der dir mit Infos oder Kontakten helfen könnte.

Je mehr Alternativen du hast, desto eher erreichst du dein Ziel. Je flexibler du bist, desto größer sind deine Chancen. Je optimistischer du bist, desto mehr Versuche wagst du und desto lieber helfen andere Leute dir weiter.

Trau dich, dir zu überlegen, welche Schwierigkeiten auftreten könnten und sammle Ideen, wie du damit umgehen wirst. »Falls Plan A nicht klappt, verfolge ich Plan B. Sollte Plan B nicht funktionieren, kommt Plan C zum Zug. Falls auch Plan C scheitern sollte, habe ich immer noch Plan D. Wenn gar nichts davon geht, setze ich mich hin und schmiede auf der Basis meiner Erfahrungen neue Pläne«: Sobald du so denkst, bist du nicht mehr aufzuhalten.

Manche nennen es Ego

Was ist eigentlich ein Ego?

Das ist der Teil in dir, der dafür zuständig ist, dass du in der materiellen Welt zurechtkommst. Das Ego bestärkt dich darin, Dinge anzusammeln sowie Titel und Positionen zu erringen. Das Ego glaubt, dass Geld und Gold ein sorgenfreies Leben ermöglichen, und liebt es, in einem schnittigen Sportwagen durch die Landschaft zu brausen. Es sorgt sich um deinen Körper und dessen Unversehrtheit. Das Ego findet es absolut schrecklich, zu altern und zu sterben. Denn es ist fest davon überzeugt, dass wir nur dieses eine kurze Leben haben. Mit ideellen Werten oder gar spirituellen Vorstellungen kann das Ego nämlich nichts anfangen. Was es nicht anfassen kann, bedeutet ihm wenig.

Wenn wir geboren werden, ist das Ego noch schwach. Mit der Zeit, mit jeder Erfahrung, die wir machen, mit allem, was wir lernen, durch alles, was wir denken, fühlen und tun, entwickelt es sich langsam, bis es in der Lage ist, sich in der Welt zu behaupten. Babys können noch nicht zwischen sich und ihrer Umgebung unterscheiden. Sie wissen nicht, wo ihr Ohr aufhört und der Arm einer anderen Person anfängt. Der Beherrschung ihres Körpers noch kaum mächtig, schlagen sie sich manchmal beim Spielen mit der Hand ins Gesicht und schauen sich dann erschrocken um, wer ihnen das angetan hat. Die Wörter »ich«, »mich«, »mein« sagen ihnen noch nichts. Doch schließlich sind sie erwachsen. Auf die Frage »Wer bist du?« antworten sie nun so etwas wie: »Ich bin Versicherungsfachangestellte, Mutter von zwei Söhnen, esse gerne Schokolade und mag es gar nicht, früh aufzustehen.« Das Ego ist jetzt komplett.

Während das Baby sich noch nicht abgrenzen kann, selbst wenn es wollte, haben viele Erwachsene das gegenteilige Problem: Sie spüren keine Verbundenheit mehr mit ihrer Umwelt. Sie fühlen sich getrennt von ihren Wurzeln und wissen nicht einmal mehr, dass sie welche haben. Sie grenzen sich gegenüber allem und jedem ab: gegenüber dem anderen Geschlecht, gegenüber Ausländern, gegenüber Menschen, die anders denken als sie selbst, gegenüber Radfahrerinnen, Hundezüchtern, Karnevalsprinzessinnen, Gartenzwergbesitzern, Fleischessern, Fernsehguckerinnen und so weiter und so fort.

Wer denkt, mit anderen wenig gemeinsam zu haben, kommt sich schnell isoliert und von Fremden umgeben vor. Das Erleben einer tiefen Verbundenheit mit Menschen, Tieren, Pflanzen, der

Erde und dem Universum ist den meisten Menschen in unserer Kultur auf dem Weg ins Erwachsensein abhandengekommen. Sie führen an den Rändern ihres Egos heftige Grenzstreitigkeiten. Oft identifizieren sie sich nur noch mit ihrem Verstand und schon ihr Körper kommt ihnen fremd vor. Erst wenn dieser krank wird und schmerzt, fangen sie an, sich um ihn zu kümmern, und oft nicht einmal dann. Das Bedürfnis, Mauern oder Zäune um das Land zu errichten, das sie als ihres ansehen, ist groß.

Obwohl wir in einer ziemlich materialistischen Welt leben, hat das Ego einen schlechten Ruf. Es kommt in so unbeliebten Wörtern wie Egoist oder Egomanin vor. Woher kommt das? Zwar werden wir angehalten, auf unseren Vorteil zu achten und andere im Konkurrenzkampf zu besiegen. Doch bleibt ein Bewusstsein dafür vorhanden, dass wir es dabei nicht übertreiben dürfen.

Während das Ego gute Dienste dabei leistet, Erfahrungen zu speichern, Routinen einzuüben, den Alltag zu bewältigen und das Überleben zu sichern, wird es zum Hindernis, wenn es zu ausgeprägt ist.

Dann hält es einen davon ab, flexibel auf sich verändernde Umstände zu reagieren, die Dinge locker auf sich zukommen zu lassen und Vertrauen in die Zukunft zu entwickeln. Auf Herausforderungen nur immer mit Kampf oder Flucht zu reagieren, nutzt den Körper ab.

Versuche gar nicht erst, dein Ego zu zerstören

Da das Ego zu Recht für viele Fehlentwicklungen in der Welt verantwortlich gemacht wird, meinen einige, es müsse unschädlich gemacht, am besten gleich zertrümmert werden. Doch das hieße, das Kind mit dem Bade auszuschütten. Nicht alles, was ein Ego leistet, ist negativ. Vor allem handelt das Ego in bester Absicht. Es weiß es einfach nicht besser.

Niemand kann es sich leisten, auf ein Ich zu verzichten. Menschen, die ihr Ego zerstören, verlieren ihre Funktionsfähigkeit.

Besser ist es, sich bewusst zu machen, dass das Ego nur der kleine Teil eines viel größeren Ich ist. Überleg einmal: Wer bist du? Bist du ein Körper? Nein, du bist mehr als ein Körper. Bist du ein Gedanke? Nein, du bist mehr als ein Gedanke. Bist du ein Gefühl? Nein, du bist mehr als ein Gefühl. Bist du das, was du tust? Nein, du bist mehr als das.

So kannst du weiter untersuchen, wer du bist. Was immer du nimmst, ob Beruf, Besitz, Name, Mutter, Vater, Kind, Fähigkeiten, Vorlieben: Du bist immer mehr als das.

Die genannten Dinge sind nur Eigenschaften, die sich von allein verändern oder die du austauschen kannst. Der Körper bleibt nicht derselbe. Er durchläuft eine Entwicklung von der Geburt bis zum Tod. Gedanken, Gefühle und Handlungen kannst du durch andere ersetzen, wenn du willst. Wahrscheinlich wirst du mehrere Berufe in deinem Leben ausüben. Dein Besitz kommt und geht. Einiges verlierst du, anderes verschenkst du oder wirfst du weg, das meiste geht irgendwann kaputt. Bei der Heirat kannst du einen neuen Namen wählen. Du sagst, wie deine Freunde dich rufen sollen. Manche legen sich einen Künstlernamen zu. Mutter, Vater oder Kind bist du nur eine Zeit lang. Einige Fähigkeiten verlierst du im Laufe der Zeit, oft nur deshalb, weil du sie nicht mehr nutzt. Indem du lernst, kommen neue Fähigkeiten hinzu. Deine Vorlieben ändern sich ständig. Dein Potenzial ist unerschöpflich. Du kannst niemals von allen Möglichkeiten Gebrauch machen. Es sind zu viele.

Deshalb machen Name, Beruf und so weiter nur einen kleinen Teil von dir aus. Was du »ich« oder »mein« nennst, dient nur deinem vorübergehenden Leben hier. Du brauchst einen Namen, damit andere dich ansprechen können. Du benötigst Gedanken, Gefühle und Taten, um dein Leben zu gestalten; einen Beruf, um Geld zu verdienen; ein paar Möbel und Kleidungsstücke, um dir das Dasein zu erleichtern.

Wenn dir dein Ich nicht gefällt, ändere es.

Es geht nicht um die Zerstörung von irgendetwas, sondern um den Aufbau einer glücklichen Existenz. Viele Egos erfüllen diesen Zweck nicht. Aber das ist kein Problem. Bau dir einfach ein neues, besseres auf.

Manche sagen, der Körper sei so eine Art Kleid, das die Seele sich bei der Geburt zulegt, das sie eine Zeit lang benutzt und beim Tod wieder ablegt. Dein Ego dient in etwa demselben Zweck.

Ideen, die man kaufen kann

Man muss im Leben nicht alles selber machen. Du darfst dir helfen lassen, wenn es darum geht, auf neue Ideen zu kommen, einen Plan B zu entwickeln oder andere Gedanken aus dem großen Gedankenmeer zu fischen, solche, die dir wohltun.

Unzählige Menschen haben vor dir gelebt. Du kannst herausfinden, was anderen nützlich war, sich eine glückliche, entspannte und freundliche Existenz aufzubauen. Wie originell, neu und bisher total ungedacht sind Ideen? Wir alle stehen auf den Schultern von anderen, Menschen, die vor uns gelebt und gewirkt haben. Dass etwas ganz neu ist, glaubt nur das Ego. Aber die Älteren sagen eher, es sei alles schon einmal da gewesen.

Und doch: Seit es Bücher gibt, kann man Ideen kaufen. Das ist ziemlich neu in der Menschheitsgeschichte. Zwar wurden Gedanken schon immer durch andere weitergegeben, aber aufgeschrieben werden sie erst seit wenigen Tausend Jahren.

Ich selbst habe unendlich viel aus Büchern gelernt. So war es mir möglich, in der Welt der Gedanken kluge Menschen zu treffen, die lange vor mir existiert haben oder die am anderen Ende der Welt leben. Auf diese Weise konnte ich viele wunderbare Ideen kennenlernen und von vielen Lebenswegen profitieren. Ich musste nicht sämtliche Fehler selbst machen und nicht alles Gute allein entdecken. Diese Erfahrung hat dazu beigetragen, dass ich heute selbst Bücher schreibe.

Genauso, wie wir aus Erkenntnissen und Erfindungen Nutzen ziehen, die jemand vor uns in die Welt gesetzt hat, können wir unsere Ideen und Erfahrungen an die, die nach uns kommen, weitergeben. So ergibt sich ein Kreis von Menschen, die voneinander lernen, teilen, was sie haben und sich auf diese Weise buchstäblich die Hände reichen, über Länder und Generationen hinweg.

Für wenige Euro kannst du dir ein Buch kaufen und falls du das richtige ausgewählt hast, erfährst du alles, was du brauchst, um zufrieden durch die Welt zu gehen. Ist das nicht fantastisch?

Das Denken kann erschrecken oder erfreuen

Präziser ausgedrückt: Du kannst dich mit deinem Denken selbst erschrecken oder erfreuen. Das ist keine Wortklauberei! Die Gedanken machen nichts mit dir. Du machst etwas mit den Gedanken.

> Nur, wenn du glaubst, was du denkst, oder anderen deren Gedanken abkaufst, haben Gedanken eine Wirkung auf deine Gefühle.

Gedanken schwirren überall herum: in deinem Kopf, im Internet, im Radio, in Restaurants und U-Bahnen, in denen sich Menschen unterhalten oder telefonieren. Welche du davon zu DEINEN Gedanken machst, ist DEINE Entscheidung. Solange du sie nicht triffst, bleiben sie x-beliebige, frei schwebende Denk- und Sprechblasen in der geistigen Welt.

Angenommen, dir kommt die Idee in den Kopf: »Ich könnte in einem Jahr von einem Herzinfarkt dahingerafft werden«. Wie fühlst du dich mit so einem Gedanken? Das hängt ganz davon ab, wie du diesen Gedanken bewertest. Falls du dir sagst: »Das ist ja furchtbar. Dann ist alles vorbei. Ich bin doch noch viel zu jung«, bist du entsetzt. Sagst du dir aber: »Für einen Herzinfarkt spricht gar nichts. Ich bin gesund und reduziere gerade meinen Stress. Dass ich so etwas denke, hängt wahrscheinlich mit dieser Sendung über Herzinfarkt-Vorbeugung zusammen, die ich gestern Abend gesehen habe«, bleibst du gelassen. Denkst du: »Na ja, niemand weiß, wann der Tod einen erwischt. Ein Grund mehr, das Leben Tag für Tag so richtig zu feiern«, bist du sogar heiter gestimmt.

Es gibt Menschen, die in ihrem Leben nie wirklich Freude empfinden, weil sie nicht darüber hinwegkommen, eines Tages sterben zu müssen. Andererseits gibt es Menschen, die gerade wegen der Endlichkeit ihr Dasein auf der Erde besonders wertschätzen und genießen. Das sind völlig unterschiedliche Bewertungen der Tatsache, dass wir alle sterben werden.

Und weißt du, was das Beste daran ist? Du allein entscheidest, wie du über die Dinge denkst! Du bestimmst, ob du dich mit deinem Denken erschrecken oder erfreuen möchtest! Es liegt in deiner Macht, welche deiner Gedanken du ernst nehmen, welche du anzweifeln, über welche du dich kaputtlachen und welche du einfach vorbeiziehen lassen willst! Kein anderer bestimmt darüber, wie du mit deinen Gedanken dein Leben steuerst! Und eines ist ganz wichtig: Es sind nur Gedanken, mehr nicht!

In populären psychologischen Büchern wird häufig behauptet, Gedanken hätten die Tendenz, sich zu verwirklichen. Das stimmt nicht! Solange du ihnen keine Macht gibst, passiert überhaupt nichts, weder im Guten noch im Schlechten. Es ist noch nie Frieden entstanden, nur weil Menschen es sich gewünscht haben. Entschlossenes Handeln muss dazukommen, damit aus einem Gedanken Realität wird. Sonst wären wir alle schon längst glücklich, gelassen und wohlhabend.

Am besten, du liest diesen Abschnitt täglich einmal durch oder schreibst ihn dir auf ein Blatt Papier, das du jeden Tag hervorholst. Mach irgendetwas, sonst verschwindet diese Erkenntnis schnell wieder.

Was daraus folgt

Es sind nicht die Umstände

Das Wichtigste zuerst: Es sind nicht die äußeren Umstände, die darüber entscheiden, welche Emotionen du spürst. Es kommt einem zwar oft so vor, als würden bestimmte Menschen oder Situationen unmittelbar unseren Ärger, unseren Schmerz oder auch unsere Freude hervorrufen. Aber in Wirklichkeit ist es anders. Wir reagieren nicht auf das, was geschieht, sondern auf das, was wir denken, was geschieht. Mit anderen Worten:

> Sämtliche deiner Emotionen erschaffst du selbst.

Schockiert dich das? Begeistert es dich? Okay, ich gebe zu: Das sind Fangfragen. Was ich hier schreibe, kann dich weder schockieren noch begeistern. Alles hängt davon ab, wie du es auffasst.

Manche reagieren empört auf die Information, dass jeder Mensch seine Gefühle mithilfe seiner Gedanken selbst auslöst. Sie meckern: »Soll das etwa heißen, dass ich auch noch selbst schuld sein soll am meinem Leid, wenn andere gemein zu mir sind?«

Doch es gibt auch ganz andere Reaktionen. Es gibt Menschen, die vor Freude in die Luft springen und rufen: »Das ist ja wunderbar! Das bedeutet, dass ich jederzeit und unter allen Umständen so glücklich sein kann, wie ich möchte. Nichts und niemand außer mir hat die Macht über mein Denken, Fühlen und Handeln.«

Wie kann es sein, dass die Reaktionen so unterschiedlich ausfallen?

Es beweist einmal mehr, dass unsere Gefühle nicht von außen kommen, sondern von innen. Je nachdem, wie man eine Aussage versteht, und je nachdem, wie man sie bewertet, ist man wütend oder begeistert. Oder man bleibt einfach ganz entspannt.

Die Menschen, die ärgerlich werden, hören zwar, dass Wut und Wohlbefinden, Trauer und Freude nicht von äußeren Ereignissen erzeugt werden, sondern von innen heraus. Daneben hören sie aber noch etwas anderes, nämlich einen dicken, fetten Vorwurf. So als hätten sie ihr momentanes Unglück ganz bewusst selbst geschaffen. Sie kommen sich unverstanden vor und fühlen sich sogar angegriffen. Sie meinen, neben ihrem Unwohlsein nun auch noch Spott ertragen zu müssen. Das ist jedoch ein komplettes Missverständnis.

Niemand, der bei Sinnen ist, macht sich bewusst unglücklich. Was jemand wirklich denkt, ist ihm nicht immer klar, wie das folgende Märchen eindrucksvoll zeigt:

Einem Schurken gelingt es, mithilfe magischer Kräfte einen Pfeil zu verzaubern. Mit ihm will er die Person töten, die er am meisten hasst. Der Pfeil fliegt los, doch plötzlich macht er kehrt, fliegt zum Entsetzen des Mannes direkt auf ihn zu und trifft ihn mitten ins Herz. Der Schurke hatte an viele Menschen gedacht, die er über alle Maßen verabscheute. Doch eines entging ihm völlig: wie sehr er sich selbst hasse.

Es liegt mir fern, jemanden zu beschuldigen, der unglücklich ist. Im Gegenteil, mir geht es darum, Menschen stark zu machen und an ihre innere Kraft zu erinnern. Selbstverständlich ist niemand gerne unfroh. Jeder Mensch möchte glücklich sein. Einige haben allerdings im Laufe ihres Lebens die Hoffnung verloren, dieses Glück jemals zu fassen zu bekommen. Sie suchen es die ganze Zeit da draußen in der Welt, so wie andere es ihnen erzählt haben: Werde reich, bau dir ein Schloss, sei ein mächtiger Mann oder eine mächtige Frau, dann wirst du glücklich.

Wenn ihnen dergleichen nicht gelingt, glauben sie, sie müssten unglücklich sein, und jeder, der ihnen etwas anderes sagt, wolle sie an der Nase herumführen. Wenn man den Eindruck bekommt, jemand will einen für dumm verkaufen, kann man schon mal sauer werden.

Dabei haben die Entmutigten und Unglücklichen nur ihre innere Freiheit, ihre Fähigkeit, unter allen Umständen glücklich zu sein, bisher nicht erkannt.

Übrigens hat jeder auch die Fähigkeit, unter allen Umständen unglücklich zu sein. Das sind diejenigen, die von den meisten nicht verstanden werden, weil sie doch alles haben. Natürlich versteht man die reichen, mächtigen, schönen, intelligenten und gesunden Unglücklichen nicht, wenn man glaubt, Äußerlichkeiten oder Eigenschaften würden einen Menschen automatisch glücklich machen.

Erinnerst du dich an die Erkenntnis, die das Leben von Sydney Banks völlig veränderte? Der Seminarleiter sagte zu ihm: »Du bist nicht unsicher, du glaubst nur, dass du unsicher bist.«

In diesem Moment begriff Banks, wie er sich bisher selbst behindert hatte. Wenn er glaubte, zu schüchtern, zu ängstlich und zu gehemmt zu sein, um ein gutes Leben zu führen, war es kein Wunder, dass er nicht vorwärts kam. Ihm wurde schlagartig bewusst, dass es etwas in ihm gab, das klar, frei und sicher war, und dieses Etwas fühlte sich unglaublich gut an. Dieses Etwas war die ganze Zeit da gewesen, aber er hatte den Kontakt dazu verloren. Und niemand hatte ihm erklärt, wie er sein inneres Glück und seine innere Weisheit wiederentdecken konnte.

Bis zu diesem Zeitpunkt gehörte Sydney Banks zu den immer noch geschätzt 95 Prozent aller Menschen, die sich nicht bewusst für das entscheiden, was in ihrem Leben passiert, sondern denen das Allermeiste ohne ihr Zutun zu widerfahren scheint, ohne dass sie eine Ahnung davon hätten, warum. Sie besitzen zwar eine unermessliche Kraft, ihr Leben zu gestalten. Aber sie ist ihnen nicht bewusst. Daher bleibt sie weitgehend wirkungslos. Sie nutzen diese Kraft allenfalls unbewusst und allzu oft nicht zu ihrem Vorteil. Was passiert, schreiben sie einem Faktor X zu, den sie Zufall nennen. Oder sie vermuten, es seien eben die Umstände, das Schicksal oder die anderen, die leider nie so wollen, wie sie sollen. Auch wenn die große Mehrzahl der Menschen sich das noch so sehr einredet: Es stimmt trotzdem nicht.

Ich nehme mich da überhaupt nicht aus. Lange Zeit blieben auch mir die wahren Zusammenhänge zwischen den Gedanken, den Gefühlen, dem Verhalten und den entsprechenden Resultaten in der äußeren Welt verborgen. Selbst nachdem es mir jemand erklärt hatte, schwankte ich noch geraume Zeit hin und her. Mal gelang es mir, richtig mit meinem Denken, Fühlen und Handeln umzugehen und mich unabhängig von meiner Außenwelt zu machen. Dann wieder fiel ich in alte Gewohnheiten zurück, dachte und handelte unbewusst und fühlte mich wieder als Opfer der Umstände. Das einzige, was einen davor bewahren kann, ist Bewusstheit. Es hat nach meiner Erfahrung weniger mit Üben zu tun als mit Aufwachen. Solange man im Halbschlaf lebt, gibt es keine Befreiung vom Unglücklichsein.

Eines noch, damit kein Missverständnis aufkommt: Nicht alle Menschen erreichen alles, was sie sich wünschen. Wer das glaubt, praktiziert magisches Denken. Es reicht nicht, dass man sich eine Sache wirklich, wirklich wünscht, um sie zu bekommen. Und es reicht auch nicht, für ein Ziel unermüdlich zu arbeiten und alles Mögliche zu tun, um es zu erreichen. Es gibt Scheitern. Nicht jeder oder jede erreicht jedes Ziel. So ist die Welt einfach nicht gebaut.

> Glücklicherweise gibt es nicht nur ein Ziel und einen Weg, sondern unzählige, um ein wunderbares, zufriedenes und erfülltes Leben zu führen. Hindernisse und Niederlagen haben nicht die Bedeutung, die wir ihnen im

Allgemeinen geben. Die Türen zu bestimmten Zielen können verschlossen sein, aber niemals der Weg zum Glück.

Es sind nicht die anderen

»Die Hölle, das sind die anderen«, stellte der Philosoph Jean-Paul Sartre in seinem Theaterstück *Geschlossene Gesellschaft* fest, und ich glaube, so oder ähnlich haben wir alle schon einmal gedacht. Sei es in einer vollbesetzten U-Bahn am Montagmorgen, in einem nicht enden wollenden Meeting oder an einem Sommertag am Strand, der von Menschen nur so wimmelte.

Ganz anders stellt sich die Situation dar, wenn wir mit guten Freunden oder unserer PartnerIn zusammen sind. Wir erzählen und lachen und turteln und haben eine wunderbare Zeit. Nix Hölle, es ist geradezu himmlisch!

Was denn nun: Hölle oder Himmel?

Du wirst vielleicht einwenden, bestimmte Menschen seien eben die Hölle, während es mit anderen wie im Himmel sei.

Aber ist das tatsächlich so?

Bestimmt hast du schon erlebt, dass dir eine Person ganz grauenhaft vorkam, jemand anderes aber ausgerechnet diesen Menschen mochte. Ist jetzt die andere Person schrecklich und die, die sie mag, gleich mit? Oder was geht da vor sich?

Ebenso kann es sein, dass du jemanden zuerst mochtest und dir später genau das nicht mehr vorstellen konntest. So geht es vielen mit ihren Ex-PartnerInnen. Wie Jim Croce in einem Song so schön sagt: »Once we were lovers, now we don't even say hello« (einst waren wir Liebende, jetzt sagen wir nicht einmal hallo). Hat sich die andere Person geändert oder du oder beide?

Du ahnst, worauf ich hinaus will.

Viele Einschätzungen ändern wir im Laufe der Zeit: der ständige Wandel eben. Aus Freunden oder Geliebten werden Feinde oder Todfeinde und – zum Glück – manchmal sogar umgekehrt. »Schwierige« Menschen eignen sich als Lehrmeister, wenn wir es zulassen und bereit sind zu lernen. Sie zeigen uns nämlich, wo die Grenzen unseres Verständnisses, unserer Toleranz und unserer Wertschätzung liegen; denn auch in Bezug auf andere gilt der Satz:

> Entweder es macht Spaß oder man lernt etwas.

Wenn man ihn genau verstanden hat – und das kann eine Weile dauern –, dann muss man sich nicht mehr über andere aufregen, sondern man begreift, dass einen jeder Mensch und jede Erfahrung im Leben weiterbringt. Alles bringt einen weiter, wenn man es zu nutzen versteht und anderen nicht mehr Macht zuspricht, als sie tatsächlich besitzen. Unsere Mitmenschen können uns zwar Steine in den Weg legen. Doch ob wir uns davon aufhalten lassen, ist eine ganz andere Sache. Andere können versuchen, uns das Leben schwer zu machen, aber sie haben keinen Einfluss auf unser Denken, Fühlen und Handeln, wenn wir das nicht zulassen. Wie wir auf sie reagieren, steht allein in unserer Macht.

Es ist nicht die Vergangenheit

Es liegt nahe, Probleme, die man heute hat, auf etwas zurückzuführen, was in der Vergangenheit geschehen ist. Ich weiß das nur zu gut, weil ich selbst vor vielen Jahren genauso gedacht habe. Aber es stellte sich als Irrtum heraus.

Sigmund Freud, der Begründer der Psychoanalyse, war der Ansicht, es würde Menschen helfen, sich ihre Kindheit in allen Einzelheiten zu vergegenwärtigen. In den ersten Lebensjahren seien alle

Ursachen für spätere Probleme zu finden. Die Analyse des Geschehenen konnte viele Jahre in Anspruch nehmen. Die KlientInnen bemühen sich angestrengt darum, Einzelheiten zu erinnern, die sie schon längst vergessen hatten, in der Hoffnung, ihr Leben würde sich dadurch entscheidend verbessern.

Zugegeben, die Idee ist verlockend: Schau dir gründlich deine Vergangenheit an, geh noch mal alle negativen Erfahrungen durch und versteh die tiefen Ursachen deines heutigen Unglücklichseins. Dieses Verständnis wird dich von deinen gegenwärtigen Problemen befreien und verhindern, dass in Zukunft neue auftauchen werden.

Leider hat die Erfahrung gezeigt, dass die Praxis diese Theorie nicht bestätigt. Die Psychoanalyse kann bis heute nicht nachweisen, dass sie geeignet ist, die Leiden zu lindern oder zu beseitigen, von denen sie behauptet, dass sie es könnte.

Sich nahezu täglich mit der Vergangenheit zu beschäftigen, wie die Analyse es verlangt, ist so, als würde man auf einem zähen Stück Fleisch immer und immer wieder herumkauen. Das Fleisch wird dadurch weder zarter noch genießbarer. Man kaut und kaut, aber man bekommt das Stück weder heruntergeschluckt noch verdaut.

Niemand kann den Schmerz der Vergangenheit ungeschehen machen. Alles, was man tun kann, ist, nicht mehr darunter zu leiden.

Schmerz ist eine Tatsache, Leiden eine Entscheidung.

Die Vergangenheit ist vorüber. Sie ist nur noch eine Erinnerung. Man lebt nicht länger in den Verhältnissen von damals. Wie schlimm es auch war: Man hat es überlebt. Oft sind die Personen, die einem in der Kindheit seelische oder körperliche Schmerzen zugefügt haben, inzwischen tot. Waren beispielsweise die Lehrer, die einen in der Grundschule gequält haben, 50 Jahre alt, so leben davon nur noch wenige, wenn man mittlerweile 40 Jahre alt ist. Auf jeden Fall ist man erwachsen und nicht mehr von ihnen abhängig.

Lebendig sind nur noch die Gedanken, die man sich über längst vergangene Zeiten macht. Das ist das eigentliche Problem: Nicht die Vergangenheit verursacht Leiden, sondern die Gedanken in der Gegenwart über die Vergangenheit erhalten den Schmerz aufrecht. Wie man über schmerzhafte Erinnerungen denkt, ist entscheidend.

Gedanken schwimmen unaufhörlich im Meer des Bewusstseins. Hält man sie nicht auf, fließen sie weiter. Fischt man sie nicht aus dem Meer, um sie wieder und wieder zu betrachten, sind sie nur ein paar Tropfen neben unzähligen anderen. Stetig strömen neue Gedanken nach. Sie verdünnen die alten Überzeugungen und klären das Wasser. Wo sind die Gedanken von gestern? Sie sind in den Weiten des geistigen Ozeans verschwunden, wenn wir es nur zulassen.

Es geht nicht darum, unangenehme Erlebnisse wegzudrücken oder gar zu bekämpfen. Sie sind und bleiben ein Teil unserer Geschichte. Alles, worauf es ankommt, ist, ihnen keinen besonderen Platz im eigenen Leben einzuräumen, sie nicht zu konservieren und sich nicht mehr mit ihnen zu beschäftigen, als unbedingt nötig ist.

Es sind nicht die Gene

Als WissenschaftlerInnen herausfanden, dass sich unzählige Erbinformationen in winzigen Bestandteilen einer Zelle befinden, war das eine umwerfende Entdeckung. Plötzlich ließ sich erklären, wie bestimmte Eigenschaften von den Eltern auf ihre Kinder übertragen werden.

Aber was heißt das praktisch? Welchen Einfluss haben diese Informationsspeicher auf unser Leben? Werden auch unsere Emotionen vererbt?

Tragen die Kinder optimistischer Eltern von Geburt an ebenfalls rosarote Brillen? Ist der Nachwuchs zynischer Vorfahren genauso tief vom Leben enttäuscht? Was bewirken die Gene und was ist auf die Erziehung zurückzuführen? Was hat die Zwillingsforschung herausgefunden? Sind nicht sogar die Lebenswege eineiiger Geschwister unterschiedlicher, als man früher glaubte?

Das alles sind hochinteressante Fragen, die leidenschaftlich diskutiert werden.

Zurzeit sind eine Menge wissenschaftlicher Annahmen im Fluss. Dachten Gehirnforscher noch vor 20 Jahren mit absoluter Gewissheit, dass sich Hirnzellen nicht erneuern und sich nicht neu organisieren können, so hat sich diese Überzeugung gründlich gewandelt. Die Plastizität des Gehirns, seine Fähigkeit, sich bis ins hohe Alter anzupassen und zu verändern, ist eine revolutionäre, neue Entdeckung, jedenfalls der HirnforscherInnen. Andere, wie der Buddha oder Heraklit, wussten schon vor Jahrtausenden, dass es nichts Beständiges in der Welt gibt. Alles wandelt sich, alles fließt.

ForscherInnen auf dem Gebiet der Epigenetik sind gerade dabei, zu erkennen, dass die Gene im Prinzip nur ein Potenzial darstellen. Welche Abschnitte im Laufe des Lebens aktiviert werden, hängt offensichtlich von anderen Faktoren als nur den Genen ab.

Generell lässt sich sagen, dass in den Wissenschaften der Geist in die Materie einzieht. Immer mehr PsychologInnen begreifen, dass die Gedanken die Gefühle bestimmen. Neurologen geben langsam zu, dass die Psyche die Hirnzellen organisiert. GenetikerInnen räumen ein, dass die Einstellungen eine Rolle dabei spielen, welche Anlagen zum Zuge kommen. Das einseitige, materialistische Denken ist auf dem Rückzug. Allerdings ist das für die meisten noch so neu, dass es wohl noch Jahrzehnte dauern wird, bis es sich überall herumgesprochen hat und vor allem bis die praktischen Konsequenzen daraus verstanden sind.

Egal, ob du denkst, du kannst es oder du kannst es nicht, du wirst in jedem Fall recht behalten. Dieser Satz bringt die Auswirkung von Überzeugungen sehr gut auf den Punkt.

Stell dir vor, du glaubst dein Leben lang fest daran, aus genetischen Gründen keine Begabung zum Glücklichsein zu haben, weil deine armen Eltern und Urahnen große Pechvögel gewesen sind. Deprimiert betrachtest du die Glückspilze in deiner Umgebung und bedauerst, die falschen ErzeugerInnen gehabt zu haben. Die ganze Zeit hattest du die Genforschung auf deiner Seite. Doch dann kurz vor deinem Ableben wird sich die Wissenschaft plötzlich darüber einig, dass die Gene keinen Einfluss auf dein Gefühlsleben besitzen. Mit einem Mal merkst du, dass du dir etwas Falsches eingeredet hast. Die anderen wussten es auch nicht besser. Was wäre das für eine Pleite!

Tatsächlich ist es tragisch, dass Millionen Menschen in diesem Irrglauben gelebt haben und ihr Potenzial zum Glücklichsein nie erkannt haben. Aber für dich ist es noch nicht zu spät.

Du kannst das Ruder jederzeit herumwerfen und dein Schicksal auf dem Meer der Gedanken selbst steuern. Deine Entwicklungsmöglichkeiten sind nahezu grenzenlos. Du kannst weitgehend unabhängig von den Umständen so glücklich sein, wie du willst.

Entscheide allein und sei dir deiner Entscheidung bewusst.

Es ist nicht das Schicksal

Als noch niemand etwas von Genen wusste, stand die Idee des Schicksals hoch im Kurs. Die Menschen versuchten zu verstehen, warum einige Menschen scheinbar mühelos ihre Träume verwirklichten, während andere sich ständig mit den Mühen der Ebene herumschlugen. Eine einfache Erklärung, die sie sowohl von Selbstverantwortung befreite, als auch die bestehenden Machtverhältnisse legitimierte, war: Es ist eben Schicksal.

Du bist pausenlos unglücklich verliebt? Schicksal! Du findest keinen passenden Beruf? Schicksal! Du bist ständig finanziell klamm? Schicksal! Alles, was du anfasst, wird zu Geld? Schicksal!

Wo das Schicksal regiert, kann niemand irgendetwas selbst bestimmen. Alles ist von vornherein im großen Buch des Lebens unabänderbar festgeschrieben.

Heraus kommt man aus dieser Nummer allenfalls im nächsten Leben, sofern man noch einmal die Gelegenheit bekommt, in die riesige, göttliche Lostrommel zu greifen, um endlich günstigere Bedingungen zu erwischen – oder aber wieder eine Niete zu ziehen.

Mal im Ernst: Glaubst du das?

Es soll schon Leute gegeben haben, die dem Schicksal ein Schnippchen geschlagen haben. Probier das doch auch mal!

Beweise dem Schicksal, dass du ein Wörtchen mitzureden hast in deinem Leben. Zeig ihm, dass nichts geschehen muss, aber vieles möglich werden kann.

Vielleicht ist das ja dein Schicksal: zu begreifen, dass es einen Entwurf für deine Zukunft gibt, den du übernehmen, ändern oder verwerfen kannst, wie es dir beliebt.

Die Vor- und Nachteile des Anklagens

Was hältst du von Bestellungen beim Universum? Es gab sogar mal Bücher zu dem Thema. Die Idee war faszinierend. Etliche Menschen füllten mit großer Begeisterung virtuelle Bestellscheine aus und warteten auf die Lieferung. Ich will nicht ausschließen, dass der eine oder die andere das Gewünschte tatsächlich erhalten hat. Doch die Gruppe derer, die reklamieren mussten, war deutlich größer. Entweder ist das Bestellte gar nicht, viel zu spät oder mangelhaft angekommen. Woran lag es? Wer war schuld? War der Bestellzettel nicht sorgfältig ausgefüllt? Hatte das Universum vielleicht, von der Fülle der Wünsche überwältigt, hier und da den Überblick verloren? Wir werden es nie erfahren.

Es verhält sich wahrscheinlich wie bei den Wunschzetteln, die wir als Kinder vor Weihnachten geschrieben haben. Auch dieses Bestellverfahren führte keineswegs zuverlässig zu freudig glänzenden Kinderaugen und euphorischen Jubelschreien. Immer wieder kam es zu tiefen Enttäuschungen und gründlich verpatzten Heiligen Abenden. Statt eines Fahrrades war ein Roller geliefert worden. Statt der bestellten Zündplättchenpistole oder des Leuchtschwertes gab es pädagogisch wertvolles Holzspielzeug. Der neue Teddy sah nicht wie dein bester Freund aus, sondern eher wie ein ziemlich unangenehmer Zwerg.

Doch statt darauf zu warten, dass einem das Glück frei Haus geliefert wird, kann man es im Do-it-yourself-Verfahren selbstbestimmt herstellen! In der eigenen Glücksschmiede kann es zwar manchmal heiß und hektisch werden, aber dafür wird genau an dem gewerkelt, was man haben möchte. Und damit sind wir mittendrin bei den Vor- und Nachteilen des Ganzen. Bestellst du beim Universum, beim Weihnachtsmann oder bei wem auch immer, liegt es in der Hand anderer, ob du bekommst, was du möchtest. Enttäuschte oder wütende Reklamationen sind zwar möglich, aber das war es dann auch schon.

Produzierst du dagegen selbst, kannst du dich zwar bei niemandem beschweren (die schlechte Nachricht!), aber du kannst jederzeit nachjustieren oder neu beginnen, falls das fertige Produkt noch nicht deinen Erwartungen entspricht (die gute Nachricht!).

Was führt eher dahin, wo du hin willst: jammern, heulen, wüten und dich über andere beschweren oder lieber dafür sorgen, dass du fähiger wirst, dir deine Träume selbst zu erfüllen?

Die Alternative

Sie besteht kurz gesagt darin, endlich erwachsen zu werden. Kinder sind noch kaum in der Lage, selbst für die Erfüllung ihrer Bedürfnisse zu sorgen. Sie sind auf wohlmeinende und tatkräftige Erwachsene angewiesen, die für alles sorgen, was sie brauchen. Natürlich kann es angenehm sein, auf dem Arm gewiegt, in der Karre durch die Welt kutschiert und von vorne bis hinten umsorgt zu werden. Doch es hat einen gravierenden Nachteil: Man ist den Großen auf Wohl und Wehe ausgeliefert. Wollen diese nicht so, wie man es gern hätte, hat man Pech gehabt.

Aus diesem Grund sehnen sich alle Kinder danach, schnell groß und stark zu werden. Sie wissen, dass sich ihre Glücksmöglichkeiten dadurch deutlich erhöhen. Wer das klar erfasst hat, wünscht sich die vermeintlich selige Kinderzeit nicht zurück.

> Vielen Erwachsenen ist nicht bewusst, dass sie es selbst in der Hand haben, sich glücklich zu machen. Sie sind auf der Suche nach Personen, die das für sie übernehmen.

Etliche Partnerschaften werden mit dem Ziel geschlossen, glücklich gemacht zu werden. Die Enttäuschung ist so vorprogrammiert. Der klassische Vorwurf lautet: »Tu doch endlich etwas und mach mich zufrieden!« Dabei sind solche Aufforderungen sinnlos.

Erwachsen werden heißt, zu entdecken, was man braucht und wie man sich dieses beschaffen kann. Es ist schön, sich dabei mit anderen zu verbünden und zu verbinden. Zwingend ist es nicht mehr, um ein gutes Leben zu führen. Ist das nicht wunderbar?

Die meisten bedauern es, wenn sie durch Krankheit oder Alter vorübergehend oder auf Dauer wieder von anderen abhängig werden.

Ich weiß, dass einige mir widersprechen werden: »Das ist doch ganz furchtbar, so allein durchs Leben zu gehen und niemanden zu haben, der für einen sorgt und einem etwas zuliebe tut.«

Doch dann würden wir uns missverstehen. Ich sage nicht, dass man allein bleiben soll, sondern nur, dass man keine andere Person braucht, um glücklich zu sein. Man kann allein, zu zweit oder zu mehreren glücklich sein. Nur ist man als Erwachsener nicht abhängig davon, dass ein anderer das tut, was man sich so sehr wünscht.

Wie die Gedanken dein Leben steuern

Erinnern wir uns noch einmal an den Ausgangspunkt: Obwohl die allermeisten Menschen bisher vom Gegenteil überzeugt sind, sind es nicht die Umstände, die darüber entscheiden, wie man sich fühlt. Nicht die äußeren Faktoren, sondern unsere eigenen Gedanken bestimmen darüber, wie wir fühlen, handeln und leben.

> Unsere Gedanken und vor allem unsere tiefen Überzeugungen sind die Macht, mit der wir unsere Welt erschaffen. Nichts anderes hat größeren Einfluss darauf, wie unser Leben verläuft.

Schau dir die Geschichte der Menschheit an: Alles, womit wir heute ganz selbstverständlich leben, ist im Kopf irgendeines kreativen Tüftlers oder einer genialen Erfinderin entstanden und dann praktisch umgesetzt worden: Häuser, Brücken, Autos, Flugzeuge, Kühlschränke, Computer, Tiefkühlpizzen, Fernsehserien und Popcorn. Immer stand am Beginn eine Person, die geträumt hat: »Das wäre doch toll, wenn es das gäbe.« Manchmal arbeiten solche Menschen ein Leben lang daran, ihren Traum Wirklichkeit werden zu lassen.

Es müssen keine revolutionären Erfindungen sein. Auch wenn du keine weltbewegenden Taten vollbringst, sondern einfach eine HeldIn des Alltags bist, bist du trotzdem ein schöpferischer Mensch.

Setzt du dir beispielsweise in den Kopf, dir endlich eine Arbeit zu suchen, die zu dir passt, und mit Menschen zusammen zu sein, die du liebst, erschaffst du dir eine bessere Welt. Es kommt überhaupt nicht darauf an, dass du einzelne Ziele immer exakt so erreichst, wie du das vorhattest. Allein schon deine Überzeugung, dass du deinen Wunsch auf die eine oder andere Weise umsetzen kannst, macht den Unterschied.

Ja, du kannst sogar manchmal scheitern, aber du wirst auf jeden Fall Erfolge erzielen. Nicht alles funktioniert nach Plan, aber dafür fällt dir anderes förmlich zu. Ja, deine Vorlieben ändern sich von Zeit zu Zeit, aber dein Fokus auf inspirierende Ziele bleibt.

Du fühlst dich nicht bestimmt oder getrieben von äußeren Dingen, sondern bastelst ruhig und konzentriert an einem Leben, das zu dir passt. Von Überlegungen wie denen, dass du ein Opfer der Umstände seist und nichts ausrichten könntest, hast du dich verabschiedet. Du bist dir bewusst, dass und wie du selbst diese Umstände kreierst.

Falls mal etwas schiefgeht, gibst du nicht auf, sondern machst einfach einen neuen Versuch. Wendet sich jemand von dir ab, suchst du dir jemanden, der besser zu dir passt. Legt dir jemand Steine in den Weg, kletterst du über diese hinweg oder baust etwas Schönes daraus (hat schon Goethe so empfohlen). Auch wenn dich zeitweise Zweifel plagen und dich der Mut verlässt, findest du immer wieder zu der Überzeugung zurück, dass du glücklich sein kannst und wirst.

Du fühlst, wie du denkst

Angenommen, Jasmin wacht morgens auf und ihr gehen folgende Gedanken durch den Kopf: »Puh, heute geht es wieder los. Mein Job nervt einfach nur noch. Ständig liegt mein Chef mir in den Ohren wegen der sinkenden Umsätze. Als könnte ich etwas dafür! Und dann auch noch diese Sache mit Maria. Ich bin total verletzt, dass sie meinen Geburtstag vergessen hat. Dabei habe ich mich so um sie gekümmert, als ihre Mutter im Krankenhaus lag. Irgendwie bin immer ich die Gekniffene. Alle glauben, bei mir könnten sie ihren emotionalen Müll abladen. Dabei gehe ich bereits auf dem Zahnfleisch. Aber das interessiert niemanden!«

Ist doch klar, dass Jasmin sich mies fühlt, wenn sie so denkt, oder?

Dabei könnten ihre Überlegungen auch ganz andere sein: »Hm, Lust habe ich nicht gerade, ins Büro zu gehen. Mein Chef macht in letzter Zeit so viel Wind wegen der sinkenden Umsätze. Ich werde mal mit ihm sprechen, was wir da machen können. Ein paar Ideen hätte ich. Ein Jobwechsel wäre auch eine Möglichkeit. Ich rede mal mit Paul. Der hat viele interessante Kontakte und kann mir bestimmt einen Tipp geben.

Marie scheint ja voll gestresst zu sein. Nicht einmal zu meinem Geburtstag hat sie sich gemeldet. Ob sie ihn vergessen hat? Wenn ich Lust habe, rufe ich sie mal an. Außerdem könnte ich diese nette Frau aus dem Französisch-Kurs fragen, ob wir mal einen Kaffee zusammen trinken wollen. Heute Abend gönne ich mir auf jeden Fall ein schönes Essen bei Kerzenschein. Ich werde noch ein paar leckere Sachen dafür besorgen. Doch, das wird schön. Ich freu mich drauf!«

Wie kommt man von A nach B, also von Gedanken, die einen herunterziehen, zu solchen, die einem Energie geben?

Eine Möglichkeit ist, die deprimierenden Gedanken nicht so tierisch ernst zu nehmen. Man kann sich beispielsweise sagen: »Boah, ich bin ja ganz schön schlecht drauf gerade. Aber das wird schon wieder.« Oder man beschließt, sich etwas Gutes zu tun und damit die Stimmung zu heben.

Eine weitere Möglichkeit ist, die Gedanken darauf zu checken, ob sie zutreffen oder nicht. So könnte man sich fragen, ob man wirklich immer die Gekniffene ist? Oder: Was könnte man an der Situation, so wie sie ist, ändern? Sieht man nur die negativen

Aspekte einer Sache oder hat man auch die positiven auf dem Radar?

> Manche Menschen glauben, sie sollten sich etwas schönreden, wenn man ihnen sagt, stärker das Gute, Wahre und Schöne in ihrem Leben zu beachten.
> Sich das Üble, Falsche und Trübe ins Gedächtnis zu rufen: Damit haben sie allerdings keine Probleme.
> Im Schlechtreden sind sie Weltmeister.

Versuch mal einen Tag lang, all das zu bemerken, was gerade gut läuft, in deinem Leben und in der Welt. Falls du »normal« bist, merkst du dabei erst, wie sehr du aus der Übung gekommen bist, dich an den vielen, manchmal kleinen Dingen zu freuen, die täglich passieren. Von morgens bis abends überall das Gute zu bemerken, ist total außergewöhnlich.

Du handelst, wie du denkst

Solange man nur so fühlt, wie man denkt, ist die Sache halb so wild. Sobald Gedanken in die Tat umgesetzt werden, kann es jedoch kritisch werden. Wenn du dir beispielsweise deprimierende Gedanken machst, hast du weniger Energie. Dann neigst du dazu, dich zurückzuziehen, und kommst dir einsam und isoliert vor.

Durch Handlungen tragen wir unsere Ideen in die Welt. Das ist schön, wenn wir freundlich, liebevoll und tolerant denken, aber problematisch, wenn wir aggressiv eingestellt sind. Nichts wird besser durch Hass. Wenn wir sehr wütend sind, verlieren wir leicht den Überblick und werden ungerecht. Wir steigern uns in den Ärger hinein und finden nur schwer wieder heraus. Deshalb ist »blind vor Wut sein« eine feststehende Redewendung geworden.

Entwickelst du gelassene Gedanken, handelst du entspannt und bist auch bei Konflikten kreativ und offen für Lösungen.

Das Tun vollzieht sich in zwei Stufen. Erst braucht man einen Gedanken, der eine Handlung beschreibt, wie »Ich sage meinen Eltern mal gründlich meine Meinung«. Auf dieser Stufe passiert noch überhaupt nichts. Erst wenn man sich die Erlaubnis gibt, die Idee umzusetzen, setzt man das Ereignis in Gang, geht also ins Haus der Eltern und schreit sie an.

Jeder hat manchmal Gewaltfantasien, wenn er wahnsinnig wütend ist. Jede möchte manchmal morgens gar nicht aufstehen, wenn sie total deprimiert ist. Die wenigsten gestatten sich, ihre Fantasien in die Tat umzusetzen, und das ist sehr gut so.

Andererseits hat wohl jeder schon mal beschlossen, die Umwelt zu schützen, sich für die Armen und Schwachen einzusetzen oder mehr für die eigene Gesundheit zu tun: Doch leider ist daraus nichts geworden. Es blieb bei der Überlegung. Die zweite Stufe des Handelns fehlte.

Welche Ideen einem durch den Kopf gehen, ist reine Privatsache. Welche Gedanken man in die Tat umsetzt, geht allerdings auch andere an. Die eigenen Überzeugungen können einen zu einer wandelnden Zeitbombe, aber auch zu einem Heiligen machen.

Du siehst, was du erwartest

Kennst du das: Plötzlich bemerkst du in der Außenwelt etwas, was zuvor deiner Aufmerksamkeit entgangen war. Aber jetzt spricht es dich an, weil du dafür sensibel geworden bist. Hat zum Beispiel deine Schwester gerade ein Kind geboren, siehst du auf einmal überall Mütter mit ihren Babys. Willst du dir ein bestimmtes Auto kaufen, fällt dir im Straßenverkehr dauernd das Modell deiner Wahl auf. Bist du hungrig, scheint die ganze Stadt mit einem Mal aus Bäckereien und Pommesbuden zu bestehen. Der eigene Fokus ist so oder so eingestellt. Häufig geschieht das unbewusst.

Vielleicht ist dir auch die Situation vertraut, dass dich ein Fremder an eine Person erinnert, die du kennst. Je nachdem, ob du mit diesem Menschen gute oder schlechte Erfahrungen verbindest, erwartest du auch von dem Fremden automatisch etwas Gutes oder Schlechtes. Es ist nicht ganz einfach, sich seine Erwartungen ins Bewusstsein zu rufen. Es ist aber wichtig, weil man sonst nicht auf die aktuelle Situation reagiert, sondern auf eine vergangene. Man sieht dann nicht die Realität, sondern bestätigt nur seine Erwartungen. Solche Voreingenommenheit hat die Tendenz, zu selbsterfüllenden Prophezeiungen zu werden.

Wer davon ausgeht, alle Menschen seien schlecht und nur auf ihren eigenen Vorteil bedacht, findet dafür Beispiele am laufenden Band. Umgekehrt gilt dasselbe: Wer seine Mitmenschen für hilfsbereit hält, erlebt regelmäßig Unterstützung.

Das liegt zum einen daran, dass man unbewusst Signale sendet. Wer pessimistisch ist, wirkt auf andere griesgrämig und verschlossen. Man geht so einer Person eher aus dem Weg, als den Kontakt zu ihr zu suchen. Das wiederum stärkt die Überzeugung des Pessimisten, anderen Menschen gleichgültig zu sein.

Der andere Punkt ist, dass man niemals seine komplette Umwelt registriert, sondern nur Ausschnitte wahrnimmt. Dabei bestätigt man sich am liebsten das, was den bisherigen Erfahrungen entspricht. Im ungünstigsten Fall bewegt man sich ausschließlich in der eigenen »Filterblase« und erfährt nie etwas anderes als das, was man schon kennt. Man hört weder andere Meinungen noch macht man neue Erfahrungen.

Glücklicherweise ist dieser Mechanismus umkehrbar.

Eine Möglichkeit, sich für Neues zu öffnen, besteht darin, ganz bewusst die eigenen Erwartungen zu ändern.

Ich erinnere mich an eine Situation, in der das auf verblüffende Weise funktioniert hat. Ich hatte einen mir unbekannten Orthopäden aufgesucht, weil ich Schmerzen im Knie hatte. Während ich im Wartezimmer saß, ging der Arzt durch den Flur, der nur durch eine Glaswand abgetrennt war. Ich dachte: »Ach, du meine Güte! Das ist ja ein echter Kotzbrocken.« (Sorry, aber so denke ich manchmal.)

Dann fiel mir ein, dass ich mal ein Experiment starten könnte. Ich redete mir ein, dass dies bestimmt ein unglaublich kompetenter Mediziner ist, der zwar nicht das Gesicht macht, das ich mir wünsche, aber trotzdem ein richtig netter Mensch ist. Das war alles.

Als der Orthopäde das nächste Mal durch den Flur ging, schaute er mich an, obwohl ich meinen Blick einfach durch die Gegend schweifen ließ. Nach zwanzig Minuten rief er mich in sein Sprechzimmer. Ich musste mich wirklich zusammenreißen, um ihn innerlich nicht abzulehnen, sondern ihn weiter für einen erfahrenen, sehr freundlichen Arzt zu halten.

Er fragte nach meinen Beschwerden, hörte mir aufmerksam zu und zeigte Mitgefühl. Dann schaute er sich das Knie an, ließ es mich bewegen, interessierte sich aber auch darüber hinaus für meine Bewegungsabläufe. Das ging über das hinaus, was ich sonst von Orthopäden gewöhnt war. Er kam zu dem Ergebnis, dass bestimmte Muskeln trainiert werden müssten, und machte sich Gedanken, wen er mir am besten empfehlen könnte. Ich hatte den Eindruck, dass es ihm wirklich wichtig war, mir zu helfen.

Er nannte mir verschiedene Krankengymnastinnen. Plötzlich hellte sich seine Miene auf. Ihm war noch jemand eingefallen, von der er meinte, dass sie in diesem Fall die am besten geeignete sei. Dann verabschiedete er sich freundlich von mir, wünschte mir gute Besserung und winkte mir nach. Der Mann schien mir wie verwandelt.

Nach wenigen Übungen bei der Krankengymnastin waren meine Beschwerden verschwunden.

Aber das Ganze geht noch weiter. Ein paar Wochen danach telefonierte ich mit meiner Schwester, die einen Termin beim Amtsarzt hatte. Sie war sehr voreingenommen, weil dieser den Ruf hatte, immer gegen die Patienten zu entscheiden. Ich schilderte ihr meine Erfahrungen und empfahl ihr, ebenfalls mit ihrer Erwartung zu experimentieren.

Das Ergebnis war noch verblüffender als bei mir. Sie verstand sich nach wenigen Minuten aufs Beste mit dem Arzt, sie sprachen über ihre Kinder, lachten miteinander, und zum Schluss bekam sie ganz selbstverständlich das erhoffte Testat.

Ich will nicht behaupten, dass es in jedem Fall so ist. Als Masche funktioniert es überhaupt nicht. So zu tun als ob, reicht nicht. Aber wenn es einem gelingt, seine negativen Erwartungen wirklich ins Gegenteil zu verkehren, können erstaunliche Sachen passieren.

Ist man sehr pessimistisch, kann man damit beginnen, Informationen zu sammeln, die geeignet sind, den Pessimismus zu erschüttern. Das ist sehr schwer, weil man sich viel lieber in seinen Ansichten bestätigt.

Ist man dagegen unerschütterlich in seinem Optimismus, würde ich nichts daran ändern, denn wie gesagt: Prophezeiungen haben die Tendenz, wahr zu werden.

Die Umgebung bestätigt deine Überzeugungen

Eine meiner Lieblingsgeschichten geht so: Ein Mann kommt in eine fremde Stadt und fragt einen Einheimischen: »Wie sind denn die Menschen hier?« Der Einheimische fragt zurück: »Wie waren denn die Menschen da, wo du herkommst?« »Sehr nett«, antwortet der Mann. »Genauso sind die Menschen hier auch«, teilt ihm der Einheimische mit.

Der nächste kommt in die Stadt und fragt denselben Bewohner: »Wie sind denn die Menschen hier?« Auf die Gegenfrage, wie die Menschen da waren, wo er herkommt, antwortet der Fremde: »Sehr unfreundlich«. »So sind die Menschen hier auch«, stellt ihm der Einheimische in Aussicht.

WissenschaftlerInnen haben die sich selbst erfüllenden Prophezeiungen durch verschiedene Experimente nachgewiesen. In einem Fall wurde LehrerInnen, die neu in eine Klasse kamen, gesagt, es handele sich um besonders begabte SchülerInnen. Nachdem das Schuljahr um war, bestätigten die LehrerInnen das hohe Niveau der Klasse. Ebenso lief es andersherum. SchülerInnen, die als lernschwach und undiszipliniert angekündigt worden waren, erhielten am Ende des Schuljahres schlechte Noten.

In beiden Fällen starteten die SchülerInnen auf dem gleichen Ausbildungsniveau. Sie wurden nur völlig unterschiedlich etikettiert. Die Erwartungen der LehrerInnen wurden damit in entgegengesetzte Richtungen gelenkt. Die Leistungen der SchülerInnen entwickelte sich erstaunlicherweise so, wie ihre LehrerInnen es voraussahen.

Noch krasser fiel das Experiment in der psychiatrischen Abteilung eines Krankenhauses aus. Gesunde Testpersonen wurden den ÄrztInnen als schwer gestört vorgestellt. Es handelte sich aber lediglich um SchauspielerInnen. Den meisten wurde jedoch bescheinigt, tatsächlich psychisch krank zu sein. Das heißt, die PsychiaterInnen waren nicht in der Lage, Kranke von Gesunden, die nur simulierten, zu unterscheiden. Sie betrachteten praktisch jeden, der als »Patient« eingeliefert wurde, als verrückt.

Einen Scherz erlaubte sich ein Professor für Psychologie, der seinen StudentInnen einen Film zeigte, der angeblich über NeurotikerInnen gedreht worden war. Sie sollten die klinisch auffälligen Symptome notieren. Es kam so ziemlich alles zusammen, was das Diagnose-Handbuch hergab. Tatsächlich handelte es sich jedoch um einen Film mit der Familie des Hochschullehrers.

Bei Richtern ist ebenfalls seit Langem bekannt, dass das »Vorverständnis« eine wichtige Rolle bei der Urteilsfindung spielt.

Doch »Vorverständnis« ist nichts anderes als ein beschönigendes Wort für »Vorurteil«.

Diese Sachverhalte geben einem zu denken und regen dazu an, sich bewusst zu machen, inwieweit die Wahrnehmungen in der Außenwelt lediglich die eigenen Vorurteile spiegeln. Typischerweise sieht man nur, was man weiß, beziehungsweise was man zu wissen glaubt.

> Es erfordert einen eigenen Kopf und eine Portion Selbstbewusstsein, sich gegen herrschende Meinungen zu positionieren und sogar eigene Überzeugungen revidieren zu können.

»Was schert mich mein Geschwätz von gestern«, ist die humorvolle Umschreibung der Fähigkeit, seine Meinung zu revidieren. Seinen Vorurteilen entkommt man nur, wenn man verschiedene Sichtweisen zur Kenntnis nimmt.

Jeder lebt in seiner eigenen Erfahrungswelt

Menschen sind unterschiedlich. Damit sage ich dir nichts Neues. Doch immer wieder vergisst man diese einfache Tatsache, die so weitreichende Folgen hat. Auch mir fällt es manchmal schwer zu begreifen, dass jemand vollständig andere Vorlieben, Abneigungen, Einstellungen und Überzeugungen hat als ich selbst. Die eigene Denkweise anderen zu unterstellen, passiert sehr leicht.

Deshalb gefällt mir die Aussage, niemand könne über einen anderen urteilen, wenn er nicht mindestens hundert Meilen in dessen Schuhen gewandert sei. Wie leicht ist man mit Bewertungen bei der Hand, ohne die Lebensumstände und Erlebnisse von Fremden wirklich beurteilen zu können. Mit dem Urteilen ist es ja ohnehin so eine Sache, und der Ausspruch erinnert uns daran, wie verschiedenartig menschliche Erfahrungen sind und in wie unterschiedlichen Welten Menschen leben.

Was mich aber noch mehr interessiert, ist die Tatsache, dass es keine originären, vom Denken unabhängigen Erfahrungen gibt. Die Erfahrung bildet sich nicht aus dem Geschehen einer Situation, sondern daraus, wie jemand dieses Erlebnis bewertet und verarbeitet. Wie sollte es auch anders sein, wo doch unsere Gedanken und Einstellungen alles filtern, was wir erfahren. Und nicht nur das. Es ist der Wirkmechanismus, mit dem wir jede unserer Erfahrung »machen«, so wie ich das bereits angesprochen habe. Wir verarbeiten Erlebtes nicht nur nachträglich, sondern gehen bereits unterschiedlich an eine Situation heran. Und diese Herangehensweise beeinflusst dann unsere Außenwelt.

Inzwischen wissen wir, dass sich sogar Elektronen, also kleinste Materiepartikel, unterschiedlich verhalten, je nachdem, ob sie gerade von einem Wissenschaftler beobachtet werden oder nicht. Der Physiker Werner Heisenberg hat das so zusammengefasst: »Die Naturwissenschaft beschreibt und erklärt die Natur nicht einfach, so wie sie ›an sich‹ ist. Sie ist vielmehr Teil des Wechselspiels zwischen der Natur und uns selbst«. Das hat tiefgreifende Konsequenzen; denn es bedeutet:

Wir können letztlich immer nur unser Denken erfahren und keine davon unabhängige Realität.

Macht man sich diese Erkenntnis in Gänze bewusst, kann einem schon ein bisschen schwindlig werden. Doch diese Art von Schwindel ist heilsam, weil sie nicht zur Lüge, sondern zur Wahrheit führt.

Das zweite Prinzip: Du bist mehr als deine Gedanken und Gefühle

Der innere Raum

Damit sind wir auch schon beim zweiten Prinzip, das unser Leben steuert, dem Bewusstsein.

> Hätten wir kein Bewusstsein, könnten wir weder unsere Umwelt noch unsere Gedanken, Gefühle und Empfindungen wahrnehmen. Erst durch unser Bewusstsein wird all das für uns real.

Kennst du die Situation, dass du morgens in aller Frühe einen Becher Kaffee trinkst und kurze Zeit später nicht mehr weißt, ob du schon Kaffee hattest oder nicht? Du bist einen Moment auf Autopilot gefahren, hast das getan, was du morgens immer machst, während dein Bewusstsein noch mehr oder weniger ausgeschaltet war. Alle Handgriffe, die für die Kaffeezubereitung nötig sind, kennst du aus dem Effeff. Du brauchst sie nicht mehr bewusst zu machen, sondern kannst noch ein bisschen weiterdämmern, während gleichzeitig wie von Geisterhand dein Frühstück entsteht.

Der Vorteil von Gewohnheiten ist, dass sie uns das Leben sehr erleichtern. Man braucht nicht jeden Tag darüber nachzudenken, ob man frühstücken, sich die Zähne putzen oder die Schuhe zubinden will. Man tut es einfach. Genauso wenig braucht man sich darauf zu konzentrieren, einen Fuß vor den anderen zu setzen. Den Weg zur Arbeit findet man auch im Halbschlaf.

Aufmerksam zu sein, ist anstrengend. Deshalb sind wir es oft nur am Anfang jeder Tätigkeit. Als wir ungefähr ein Jahr alt waren, konnten wir uns vor Stolz kaum wieder einkriegen, dass wir es auf zwei Beinen vom Küchentisch bis zum Kühlschrank geschafft hatten, ohne umzufallen. Die erste Fahrt zur Arbeit erforderte unsere größte Aufmerksamkeit. Danach nahm sie sukzessive ab.

Was uns inzwischen selbstverständlich erscheint, war zu Beginn meist eine große Herausforderung, ein Abenteuer, für das es den Einsatz unserer geballten Fähigkeiten bedurfte: Muskelkraft, Koordination und Gleichgewichtssinn beim Laufen, Orientierungssinn und Umgang mit einem Navi beim Auffinden von Adressen und bei vielem auch eine Portion Mut.

Doch Gewohnheiten haben auch Nachteile:
Sie machen uns unflexibel und verhindern,
dass wir bemerken, was wir eigentlich tun.

Wir bewegen uns wie ein Zug auf Gleisen, die irgendwann einmal von irgendwem gelegt wurden. Es ist nicht mehr ohne Weiteres möglich, da abzubiegen, wo keine Schienen sind. Diese müssten erst neu verlegt werden.

Du kannst dir das an einem kleinen Experiment klarmachen, wenn du versuchst, mit der »falschen« Hand deinen Kaffee zum Mund zu führen, also mit der, die du dafür üblicherweise nicht benutzt. Fühlt sich ganz schön komisch an, oder?

Fast könnte man den Eindruck gewinnen, nur eine Hand sei die »richtige«, nur eine Denkweise die »kluge« und nur eine Art, Sachen zu regeln, »möglich«.

Gewohnheiten laufen automatisch ab. Du selbst oder jemand anderes hat deinen Autopiloten vor langer Zeit einmal programmiert und jetzt läuft er und läuft und läuft. Bloß dass du damit nicht immer gut fährst. Hast du dir beispielsweise das Rauchen oder ein anderes selbstschädigendes Verhalten angewöhnt, ist es nicht ganz einfach, damit wieder aufzuhören.

> Das Gegenteil von Autopilot ist Achtsamkeit.

Achtsamkeit steht seit einiger Zeit hoch im Kurs. Mit Recht! Denn wenn du nicht weißt, was du tust, kannst du nicht tun, was du willst.

Achtsamkeit, also das wahrzunehmen, was ist (ohne es sofort zu bewerten), ist die Voraussetzung dafür, sein Leben so zu führen, wie man möchte, und nicht wie ein Zombie durch die Landschaft zu stolpern. Je achtsamer du bist, desto bunter und reicher ist deine Welt. Du bemerkst Dinge, die dir im Zustand des automatischen Handelns verborgen geblieben sind. Du rollst nicht mehr halb bewusstlos durch deinen Tag, sondern erlebst das Hier und Jetzt intensiv, ohne ständig vorauszueilen oder mit deinen Gedanken in der Vergangenheit stecken zu bleiben.

Was dein Bewusstsein füllt

Das Bewusstsein kannst du dir als einen Raum vorstellen, der offen ist für alle möglichen Inhalte. Schauen wir uns genauer an, was sich in diesem inneren Raum, der mal enger und mal weiter zu sein scheint, alles abspielt.

Da sind Gedanken. So viele, dass man manchmal gerne abschalten würde. In unserem Inneren führen wir fiktive Gespräche mit uns selbst und mit anderen. Wir erinnern, was jemand gesagt hat, was in Büchern stand oder was wir im Radio gehört haben.

Jeder bewusste Eindruck ist von einem Gefühl begleitet. Dieses kann angenehm, unangenehm oder neutral sein. Freude, Ärger, Trauer, Ruhe, Enttäuschung, Angst, Liebe: Das sind nur einige der Emotionen, die wir in unserem Inneren finden. Wir wissen noch genau, wann wir begeistert waren oder deprimiert.

Natürlich sind in unserem Bewusstsein Millionen von Sinneseindrücken vorhanden: was wir gesehen, gehört, gerochen, geschmeckt und körperlich gespürt haben. Manchmal tauchen Erinnerungen daran auf, die wir längst vergessen hatten.

Sehr viel Raum nehmen bei den meisten Menschen visuelle Eindrücke ein. Im Bewusstsein finden wir die Gesichter von Familienangehörigen, FreundInnen, NachbarInnen, Lebenden und Toten. Orte, an denen wir uns einmal aufgehalten haben, können wir im Geiste noch einmal besuchen. Fantasien spielen eine große Rolle, sowohl in Bezug auf die Vergangenheit als auch auf die Zukunft. Genau genommen sind diese Zeitebenen ausschließlich Produkte des Bewusstseins. Real ist nur die Gegenwart.

Das Bewusstsein von Kindern ist noch relativ leer. Doch was heißt das schon? Auch bei ihnen kommen bereits Millionen Erfahrungen zusammen, angefangen im Mutterleib und weiter bis in die Gegenwart. Viele davon sind nonverbal. Ihr Körperbewusstsein ist sehr entwickelt. Sie lesen die Körpersprache der Erwachsenen und drücken sich selbst auf diese Weise aus.

Je älter ein Mensch wird, desto mehr hat er zu erinnern. Da kann es schon mal eine Weile dauern, bis das Gesuchte im weiten Raum des Bewusstseins wiedergefunden wird.

Bewusstsein ist das, was über einen dieser Inhalte hinausgeht, also beispielsweise der Moment zwischen zwei Gedanken, den man vielleicht am deutlichsten in der Meditation bemerkt.

Gedanken sind Inhalte. Das Bewusstsein dagegen kann man als Raum bezeichnen, in dem Gedanken und Gefühle wahrnehmbar sind. Stell dir »Raum« weniger als »Zimmer«, sondern eher als weite Ebene vor, damit es nicht zu eng wird. Nichts von dem, was sich auf dieser Ebene tummelt, lässt sich vertreiben oder gar auslöschen. Doch das ist auch gar nicht erforderlich.

Du bist weder deine Gedanken noch deine Gefühle, sondern etwas viel Größeres.

Vielleicht stellst du dir dein Bewusstsein noch besser als einen Sternenhimmel vor. Ein riesiger, gewölbter, unüberschaubarer, tiefdunkler Raum, wo es überall funkelt, wo du aber auch eine tiefe Ruhe spüren kannst, während du all das betrachtest.

Der Beobachter in dir schaut zu

Doch wer betrachtet da eigentlich?

Wärest du deine Gedanken, könntest du nicht über deine Gedanken nachdenken. Du wärest nicht in der Lage, innezuhalten und dich zu fragen: Was geht mir da überhaupt durch den Kopf? Wärest du ein bestimmtes Gefühl, könntest du nichts anderes bemerken. Du bist also viel mehr als deine Gedanken und Gefühle.

> Gedanken kommen und gehen.
> Gefühle verändern sich.
> Dein innerer Beobachter schaut bei alldem zu.

Er richtet den Fokus auf einen bestimmten Gedanken oder eine bestimmte Emotion und holt diese so in deine persönliche Realität, wie mit einer Taschenlampe, die in einem riesigen, dunklen Lagerraum mal hierhin und mal dorthin leuchtet. Der Lichtstrahl der Taschenlampe kann immer nur einen Ausschnitt dessen erhellen, was da gestapelt liegt. Und auch von dem, was die Sinne und der Geist regelmäßig neu anliefern, befindet sich immer nur ein kleiner Teil im Lichtkegel der Lampe. Alles andere verschwimmt im Halbdunkel oder verschwindet ganz im Schatten.

Der Raum des Bewusstseins hat mit großen Lagerräumen einiges gemeinsam. Einige Depots sind wohlgeordnet und picobello aufgeräumt. In anderen findet sich niemand mehr zurecht, nicht einmal der Verwalter des Lagers selbst.

Es gibt solche, die die Inhalte ihres Bewusstseins ziemlich gut kennen, und andere, die lieber gar nicht so genau wissen wollen, was da alles so herumliegt. Gerade die dunklen Ecken meiden sie lieber.

Es gibt die, die sich an allerlei Gutem und Schönem in den Regalen erfreuen, und jene, die sich vor allem auf das konzentrieren, was verbeult und kaputt ist, Kratzer hat und dessen Haltbarkeitsdatum bereits abgelaufen ist.

Einerseits wird ständig Neuware angeliefert und sauber einsortiert. Andererseits versacken Dinge in den tiefsten Tiefen des Raumes und werden unter Umständen nie wieder ausgegraben. Einige »Lageristen« fühlen sich von der Masse der Dinge überfordert, während andere neugierig inspizieren, ob etwas Interessantes zu entdecken ist.

Die Taschenlampe kann sich auf die leckere Marmelade, die köstlichen, eingelegten Birnen oder den exquisiten Rotwein richten, aber auch auf verrostete Nägel, einen Eimer mit Loch, der seine Funktion längst nicht mehr erfüllt, oder auf ein Ungetüm, von dem keiner weiß, wozu es eigentlich gut sein soll.

Nicht immer ist die Taschenlampe eingeschaltet. Manchmal sind die Akkus leer und müssen erst wieder aufgeladen werden, damit die Lampe leuchtet.

Das Licht des Bewusstseins kann immer nur eine Sache nach der anderen erfassen. So wie man nicht im selben Moment glücklich und traurig sein kann, sondern allenfalls kurz hintereinander.

Ein anderes treffendes Bild für das Bewusstsein ist das von einem Filmprojektor, in den – wie das vor der Digitalisierung geschah – eine Filmrolle eingelegt wird. Auf der Rolle sind einzelne Bilder, die zusammen, in schneller Abfolge vorgeführt, den Film ergeben. Die einzelnen Bilder sind die Gedanken, Gefühle, Impulse und Ideen. Diese Bilder sind nur Zelluloid. Erst das Licht des Projektors erweckt sie zum Leben und macht sie so wirklichkeitsnah, dass man sich in einem Filmdrama zwischen Spannung, Verzweiflung und Hoffnung hin- und hergerissen fühlt. Sobald das Licht erlischt, wird einem wieder klar, dass alles nur eine gut gemachte Story war, die einem real erschien. Das Licht des Projektors ist dein Bewusstsein. Doch produzierst du auch den Film, nämlich die einzelnen Bilder. Und weil du außerdem der Regisseur beziehungsweise die Regisseurin des Streifens bist, kannst du Szenen ändern, falls sie dir nicht gefallen.

Fassen wir zusammen:

> Das Bewusstsein hat zwei Funktionen. Die erste besteht darin, zu beobachten und wahrzunehmen. Die zweite darin, zu steuern und eine Wahl zu treffen.

Alles kommt, alles vergeht

Bleiben wir noch einen Moment beim Beobachten.

Wenn man schon eine Weile dabei ist, also bereits eine ganze Zeit lebt, weiß man, dass alles kommt und alles vergeht. Man braucht nur aus dem Fenster zu schauen und den Wechsel der Jahreszeiten zu beobachten. Man kann auch sich selbst im Spiegel betrachten und feststellen, wie man sich über die Jahre allmählich verändert hat. Auch wenn einige Veränderungen langsam vonstattengehen, so sind sie doch vorhanden, es sei denn, man weigert sich, sie zu bemerken.

> Unsere Gedanken und Gefühle ändern sich pausenlos.

Ganz besonders gut lässt sich dies bei kleinen Kindern beobachten, die noch nicht gelernt haben, ihre Mimik zu kontrollieren. Babys empfinden ja keineswegs ständig Freude und Entzücken, sondern haben auch täglich ein paar emotionale Weltuntergänge zu überstehen. In einem Augenblick quietschen sie noch fröhlich, um im nächsten scheinbar untröstlich zu schreien. Doch schon wird auch diese Phase abgelöst durch neue Begeisterung.

Vielleicht hast du schon einmal eines dieser berührenden Videos gesehen, in denen ein kleines Kind, das bis dahin taub war, durch ein Gerät in die Lage versetzt wird, zum allerersten Mal die Stimme seiner Mutter zu hören. Die neue Erfahrung ist so ungeheuerlich, dass in Sekundenbruchteilen Freude, Erschrecken, Rührung und Erstaunen über das Gesicht dieses kleinen Wesens ziehen.

Bei uns Erwachsenen ist das ganz ähnlich.

Stell dir vor, du bekommst die Nachricht, mehrere tausend Euro gewonnen zu haben. Wenige Minuten später erfährst du, dass dein bester Freund einen Autounfall hatte, und im nächsten Moment teilt dir eine Freundin mit, dass sie ein gesundes Kind zur Welt gebracht hat. Vermutlich ändern sich deine Gefühle ebenso schnell, wie die Meldungen auf dich einstürmen.

Erinnerst du dich an das Meer der Gedanken?

Befindet man sich auf diesem Meer und es ist gerade ein schwerer Sturm, fühlt sich das unangenehm an und ist schwer zu ertragen. Trotz solcher Turbulenzen die Ruhe zu bewahren, ist leichter gesagt als getan. Doch du kannst sicher sein, dass der Sturm durch freundlicheres Wetter abgelöst wird. Die Sonne kommt garantiert wieder zum Vorschein. So ist der Lauf der Welt.

Na und?

Wenn man die Tatsache, dass alles unbeständig ist, wirklich und wahrhaftig begriffen hat, kann man sich sogar dann entspannen, wenn gerade einmal alles schiefzulaufen scheint. Denn man weiß ja: Das geht vorüber. Was einem im Moment hammerhart und kaum erträglich erscheint, ist häufig bereits eine Woche später der sprichwörtliche Schnee von gestern.

Versuch einmal, dich an dein größtes Problem des letzten Jahres zu erinnern. Erscheint es dir immer noch als schwierig, gar unlösbar? Oder hat es sich verringert, insgeheim in Luft aufgelöst oder sogar als verkappter Vorteil erwiesen?

Der Ausspruch: »Ist der Tag nicht dein Freund, dann ist er immerhin dein Lehrer«, hilft dabei, Schwierigkeiten nicht überzubewerten und sie im Bewusstsein nicht größer werden zu lassen, als sie tatsächlich sind.

Außerdem geht niemals alles schief.

Behält man den Überblick, statt mit einem Tunnelblick auf Schwierigkeiten zu schauen, sieht man neben den Pleiten, dem Pech und den Pannen immer auch etwas, das erfreulich ist. Hier hilft wieder der innere Beobachter, der stets ein Stück Abstand zwischen sich und den Problemen lässt.

Du bist nicht dein Problem,
sondern du erlebst es nur,
während es durch den Raum
deines Bewusstseins zieht.

Kein einziges Problem ist groß genug, den kompletten Raum auszufüllen. Was ist beispielsweise mit deinen Zielen? Sind sie durch Hindernisse wirklich vereitelt? Oder muss nur ein anderer Weg eingeschlagen werden? Weist das Problem vielleicht lediglich auf eine bessere Art hin, die Sache zu erledigen?

Ich habe mir vor vielen Jahren das Mantra: »Na und, mach weiter« zu eigen gemacht. Es hilft mir immer dann, wenn ich einen Moment lang glaube, nicht erreichen zu können, was ich will:

»Das ist unfair!« – »Na und, mach weiter!«
»Aber ich habe schon so viel investiert!« – Na und, mach weiter!«
»Aber ich dachte, diesmal klappt es!« – »Na und, mach weiter!«
»Aber die Idee war so gut!« – »Na und, mach weiter!«
»Aber es tut weh!« – Na und, mach weiter!«
Probier es aus!

Gefühle schaden nicht

Ganz im Gegenteil. Sie liefern uns wichtige Informationen. Sie können unser bester Kompass und unser zuverlässigstes Frühwarnsystem sein. Sie zeigen uns, wie wir denken und was wir wahrnehmen. Sie machen uns lebendig und menschlich.

Menschen sind in der Lage, starke Gefühle auszuhalten. Die Furcht, vor Angst tot umzufallen, ist ebenso unbegründet wie die Befürchtung, vor Freude überzuschnappen.

Unsere Gefühle sind nicht dazu da, uns umzubringen, sondern damit wir überleben. Schon die Steinzeitmenschen waren auf drei Grundfertigkeiten programmiert: fliehen, tot stellen und kämpfen (genau, das Kämpfen kam zuletzt, denn es war am gefährlichsten). Dieses Steinzeit-Programm läuft noch heute automatisch ab, wenn wir es mithilfe unseres Bewusstseins nicht stoppen. Denn im urbanen Dschungel helfen uns andere Fähigkeiten besser.

Gefühle töten nicht. Es ist umgekehrt: Nur Tote fühlen nichts.

Die Gefühle wahrnehmen, ohne sie zu dramatisieren: Das gelingt nicht allen. Aber es ist möglich. Man muss sich nur bewusst dafür entscheiden.

Am einen Ende der Skala stehen die Menschen, die beschlossen haben, lieber gar nicht mehr zu fühlen, weil sie mit ihren Emotionen nicht umzugehen wissen. Sie fürchten, von ihren Gefühlen weggerissen zu werden, wenn sie Angst, Wut, Trauer oder Freude Raum in ihrem Leben geben würden.

Am anderen Ende der Skala finden sich jene, die man emotionale Hypochonder nennen könnte. Sie nehmen ihre Gefühle zu wichtig. Andauernd fragen sie sich: Wie fühle ich mich? Bin ich wirklich, wirklich glücklich? Ist da nicht eine Spur von Enttäuschung? Ich spüre ein wenig Furcht, was ist nur mit mir los?

Solche Menschen tun sich mit ihrer Überaufmerksamkeit keinen Gefallen. Wer sich ständig ängstlich beobachtet (»War da nicht ein Hauch Unwohlsein?«), verkrampft sich. Wer sich pausenlos mit seinen emotionalen Problemen beschäftigt, macht diese größer, als sie sind.

Vor Kurzem las ich den Satz: »Glaube nicht alles, was du denkst, aber alles, was du fühlst.«

Da unsere Gefühle auf unsere Gedanken und nicht auf die reinen Tatsachen reagieren, macht dieser Satz keinen Sinn. Doch etwas anderes ist goldrichtig: seine Gefühle wahrzunehmen, ohne sie samt und sonders für beweiskräftig zu halten. In der Kognitiven Therapie bezeichnet man einen bestimmten Denkfehler als »emotional reasoning«, das ist vorschnelles Schließen von Gefühlen auf Tatsachen. Ein Beispiel dafür wäre, dass man glaubt, eine Situation sei gefährlich, bloß weil man sich ängstlich fühlt. So haben viele Angst, vor einer Gruppe zu sprechen, obwohl es nicht gefährlich ist.

Ein anderes Beispiel: Du gehst gemütlich in einem Garten spazieren und entdeckst plötzlich eine große, schwarz-gelb gezackte Schlange. Voller Panik rennst du weg. Hättest du genauer hingesehen, wäre dir aufgefallen, dass es sich bloß um einen Wasserschlauch handelt, der zwischen den Sträuchern liegt.

War es sinnvoll, der Angst zu glauben? Du hast sie schließlich gefühlt!

Nun könnte man einwenden, es sei besser, lieber einmal zu viel als zu wenig wegzulaufen. Doch wer überall gleich Gefahr wittert, fühlt sich außerhalb seiner eigenen vier Wände nicht mehr wohl und wahrscheinlich nicht einmal da. Sogar zu Hause lauern überall Gefahren, jedenfalls wenn man seiner lebhaften Fantasie nicht Einhalt gebietet. Schließlich gibt es Gasexplosionen, einstürzende Neubauten und vieles mehr.

Ist es da nicht klüger, seine Gefühle wahrzunehmen, sich aber nicht von ihnen beherrschen zu lassen?

Gedanken sind harmlos

Wir denken viel, wenn der Tag lang ist. Ich weiß nicht, wie das bei dir ist, aber mir gehen jede Menge verrückte Ideen im Kopf herum. Das war schon immer so. Ich nenne es Fantasie und Kreativität. Sie hat mich zu dem gemacht, der ich bin.

Niemals käme ich jedoch auf die Idee, alles was ich denke, für wichtig und unbedingt umsetzbar zu halten.

> Auch die schwärzesten Gedanken sind nur wie ein paar Gewitterwolken, hinter denen die Sonne scheint. Auch die absonderlichste Vorstellung ist wie ein Wetterleuchten. So etwas gibt es hin und wieder. Es kommt und geht.

Wahrscheinlich hast auch du schon einmal in heftiger Wut über jemanden (innerlich) gebrüllt: »Ich bringe ihn um!« Aber du hast den Teufel getan, diesen Gedanken in die Tat umzusetzen (das hoffe ich wenigstens!). Allein die Vorstellung hat möglicherweise schon gereicht, Rache zu nehmen. Ein Freund von mir beschrieb das einmal so: »Sobald die Gewaltfantasien abgeklungen sind, kann man wieder einigermaßen normal denken.« Das Großhirn ist wieder eingeschaltet.

Vermutlich hast auch du schon einmal in tiefer Niedergeschlagenheit geglaubt, nie wieder glücklich sein zu können, und später festgestellt, dass das Gegenteil zutrifft.

So ist das mit den Gedanken und mit den Gefühlen. Wir sind weder mit den einen noch mit den anderen identisch. In mir kann Niedergeschlagenheit herrschen, aber ich bin nicht die Niedergeschlagenheit. Du kannst Ärger empfinden, aber du bist nicht der Ärger.

Wir können die Gedanken und Gefühle betrachten, sie durch unser Bewusstsein ziehen und wieder verschwinden lassen. Absolute Kontrolle darüber, welche Ideen und Bilder im Geist auftauchen, haben wir nicht. Wie lange sie bleiben, entzieht sich ebenfalls unserer Macht. Aber wir brauchen nicht jeden Gedanken in Taten umzusetzen, noch müssen wir alle Gefühle ausagieren. Sie fließen durch uns hindurch. Irgendwann sind sie weg. Es ist nichts Schlimmes passiert.

Der Kapitän steuert

Ich habe es schon mehrfach kurz angesprochen, will es aber an dieser Stelle gerne noch einmal wiederholen: Neben dem Wahrnehmen hat das Bewusstsein noch eine andere äußerst wichtige Funktion: Wir steuern mit ihm unser Leben. Wir entscheiden, in welche Richtung wir gehen wollen, welche Ideen wir weiterverfolgen und welche wir verwerfen, von welchen Gefühlen wir uns leiten lassen und von welchen nicht.

Wie bei einer Kamera stellen wir den Fokus ein und entscheiden damit, was im Mittelpunkt und was am Rande unseres Interesses steht, was wir scharf stellen und was ruhig verschwommen bleiben darf.

> Wir lenken unsere Aufmerksamkeit auf das,
> was uns interessiert und am Herzen liegt,
> und ziehen sie von dem ab,
> was uns bloß die Zeit stehlen würde.

Es ist wie bei dem Kapitän, der auf der Kommandobrücke steht und selbst im Sturm und bei hohen Wellen den Überblick behält. Die Kapitänin fährt über das Meer der Gedanken, doch sie identifiziert sich nicht mit dem Meer. Sie erlebt den Sturm der Gefühle, doch lässt sich nicht davon erschrecken. Sinnesreize könnten die klare Sicht mitunter trüben, doch der Kapitän oder die Kapitänin halten Kurs.

Vorhin habe ich gesagt, die Gedanken seien das Ruder, mit dem wir unser Leben steuern. Doch in welche Richtung dieses Ruder bewegt wird, das entscheidest du als Kapitän oder Kapitänin. Um steuern zu können, brauchst du Bewusstheit. Wo soll die Reise hingehen? Je bewusster du bist, desto fester hältst du das Steuer in den Händen. Ohne diese Bewusstheit treibt es dich mal hierhin und mal dorthin, und du wunderst dich darüber, dass du nicht dahin kommst, wo du hin willst. Oder du klagst gar darüber, dass das Leben falsch konstruiert und gemein zu dir sei.

Hier ein Experiment: Stell deinen Fokus einen Tag lang auf alles ein, was dir gefällt. Wenn du eine Zeitung liest oder durch ein Online-Magazin klickst, such die guten Meldungen. Auf der Straße oder im Büro, bemerke die freundlichen Menschen. Was magst du an deiner Wohnung? Was gefällt dir besonders an dir selbst und an deinen Lieblingsmenschen? Was findest du besonders schön an der jetzigen Jahreszeit?

Vielleicht bist du am Ende dieses Tages auf den Geschmack gekommen und möchtest noch weitere Tage auf der Sonnenseite des Lebens verbringen.

Ziele und Pläne

Was möchtest du im Leben am allerliebsten tun?

Dir darüber klar zu werden, ist der erste Schritt zu einem glücklichen, sinnvollen Leben.

> Was für dich Sinn macht, entscheidest du allein. Niemand kann dir diese Entscheidung abnehmen. Niemand kann sie dir vorschreiben.

Manche fühlen sich von der Frage überfordert. Ich kenne dieses Gefühl gut. Lange wusste auch ich nicht, was ich will. Freunde und Bücher konnten mir nicht weiterhelfen; denn nirgendwo steht geschrieben, was meine Ziele sind, meine Freuden, meine Abneigungen. Niemand konnte mir das sagen. Es ist mein Leben.

Zunächst unbewusst, dann zunehmend bewusster kam ich auf die Antworten. Sie zu finden, ist viel leichter, als man denkt. Aber man braucht eine Menge Mut; denn es widerspricht allem, was man in unserer Gesellschaft lernt.

Man beginnt einfach damit, sich zu überlegen, was man jetzt gerne tun würde. Was möglich ist, setzt man um. Danach überlegt man weiter: Worauf hätte ich als Nächstes Lust? Grundsätzlich bleibt der Fokus auf die Gegenwart gerichtet sowie auf das nächstliegende Glück. Davon lässt man sich leiten.

Mit der Zeit entstehen von allein Pläne für den nächsten Tag, die kommende Woche und das laufende Jahr. Aus vielen glücklichen Momenten wird ein guter Tag, aus Tagen voller Freude wird eine glückliche Woche, ein glücklicher Monat, ein glückliches Jahr. Aus vielen guten Jahren wird ein gutes Leben.

Unerlässlich ist allerdings, überhaupt eine Wahl zu treffen.

Nicht wenige Menschen lösen sich nie von den Schienen, auf die sie einmal vor langer Zeit gesetzt wurden. Ihr Leben scheint vorprogrammiert. Zuerst die Schule, anschließend die Ausbildung oder das Studium, dann der Beruf. Die Tage sind von morgens bis abends durchgeplant. Es scheint keine Zeit mehr für die entscheidende Überlegung zu geben:

Will ich das überhaupt alles? Was möchte ich stattdessen? Wie sieht ein Leben aus, das ich lieben würde?

Auf vorgegebenen Schienen zu fahren und niemals aus den Gleisen zu springen oder neue zu verlegen, gibt eine Scheinsicherheit. Man tut, was die anderen rechts und links auch machen, ist anerkannt, verdient sein Geld und kommt nicht in Verlegenheit, sich auf unbekanntem Gebiet vorantasten zu müssen. Man weiß genau, was man heute, morgen, in einer Woche und in einem Monat tun wird. Bis man plötzlich erkennt, dass man das Steuer noch nie in der Hand hatte. Andere haben für einen entschieden. Man hat immer nur reagiert und nie agiert.

Doch das lässt sich jederzeit ändern. Es ist nie zu spät, ein selbstbestimmtes Leben zu führen. Man kann mit vierzehn, mit fünfunddreißig oder mit achtundsiebzig Jahren damit beginnen. Nur ein wenig Mut, Abenteuerlust und Entschlossenheit sind vonnöten.

Mit Zielen und Plänen, die unseren Bedürfnissen entsprechen, geben wir unserem Leben Sinn und Struktur. Es kommt nicht darauf an, jedes Ziel zu erreichen und jeden Plan umzusetzen. Im Gegenteil: Manchmal merkt man, dass man sich geirrt hat und dass es besser wäre, den eingeschlagenen Weg nicht weiterzugehen.

Es ist keine Katastrophe zu scheitern. Jeder scheitert. Viele wollen es nur nicht zugeben.

Beim Scheitern kann man lernen, wie es nicht geht. Man erhält wichtige Informationen über sich selbst und die Welt. Danach weiß man, was man besser machen kann.

Achtgeben sollte man allerdings, dass man nicht kapituliert, bevor man scheitern könnte. Wer eine Reise beginnt, aber schon aufgibt, sobald er den ersten Schritt durch die Haustür gemacht hat, hat es nicht wirklich versucht.

Sich Ziele zu setzen, die ersten kleinen Schritte zu machen und die auftretenden Hindernisse zu überwinden (und es gibt IMMER Hindernisse), all das kann und sollte Spaß machen. Wenn man keine Begeisterung für sein Ziel empfindet, warum sollte man dann um Himmels willen anfangen, es zu verwirklichen? Wenn man auf dem Weg dahin überhaupt keinen Spaß hat, warum sollte man ihn dann fortsetzen?

Anfänge und Fortschritte

Aller Anfang ist schwer. Doch das stimmt nur, wenn man sich zu viel vornimmt. Am deutlichsten ist mir das geworden, als ich die Feldenkrais-Methode kennenlernte. Wer sich nie mit ihr beschäftigt, verpasst aus meiner Sicht etwas sehr Wichtiges.

Moshé Feldenkrais (1904–1984) war ein vielseitiger Mensch mit einer ungewöhnlichen Biografie, die ihn vom russischen Zarenreich über Palästina, Frankreich, England wieder zurück nach Israel führte. Am bekanntesten wurde er durch seine Bewegungspädagogik, die er ursprünglich entwickelte, um sein beim Fußballspiel stark lädiertes Knie wieder benutzen zu können.

»Bewusstheit durch Bewegung« nannte er seinen Gruppenunterricht. Nur wer sich bewusst bewegt, kann Schmerzen im Muskelsystem vermeiden oder wieder beseitigen. Bewusstheit ist eine Grundfunktion der menschlichen Existenz. Nur wird sie leider selten in vollem Umfang eingesetzt, gerade auch bei Bewegungen. Nicht einmal TänzerInnen oder SportlerInnen führen ihre Bewegungen mit Gefühl aus. Im Gegenteil: Für sie ist typisch, dass sie sich mit Gewalt über physische Grenzen hinwegsetzen und Schmerzen ignorieren. Deshalb enden so viele als Sportinvaliden und brauchen künstliche Gelenke.

Feldenkrais hat eine wunderbare Wahrheit entdeckt. Er sagte, dass der Beginn einer Bewegung über die Qualität der gesamten Ausführung entscheidet. Weniger poetisch formulierte er denselben Sachverhalt so: Man braucht eine Suppe nicht auslöffeln, um zu merken, dass sie versalzen ist.

Bei Feldenkrais ist aller Anfang leicht. Alle Bewegungen sind klein, langsam und ohne Anstrengung. Das ist ungewöhnlich. Normalerweise werden wir angehalten, schnell zu handeln und uns Mühe zu geben. »Gebt euch keine Mühe«, würde Feldenkrais seinen SchülerInnen sagen. An seine Grenzen zu gehen und oft weit darüber hinaus, gilt zu Unrecht als Tugend. Der Zweck heiligt die Mittel. Wirklich?

Fortschritte ergeben sich zwanglos, wenn das Zusammenspiel der Muskeln effektiver wird. Der intelligente Gebrauch des Körpers ermöglicht Bewegungen, die vorher undenkbar schienen. Und als wäre das noch nicht wunderbar genug, ist dieser Prozess auch noch von einem bisher unbekannten Wohlgefühl begleitet.

Man kommt aus seinen Bewegungsmustern nur heraus, wenn man mit seinem Geist ganz bei der Bewegung ist und verschiedene Möglichkeiten erkundet, um sie immer leichter und angenehmer zu machen. Das erfordert die ungeteilte Aufmerksamkeit.

Doch wo sind viele FreizeitsportlerInnen mit ihrem Geist, während sie joggen? Mit Kopfhörern auf den Ohren keuchen sie schwitzend durch die Gegend. Der Orthopäde lässt grüßen. Er darf sich schon auf die nächste Sprechstunde freuen.

Aus eingefahrenen Mustern kommt man generell nur heraus, indem man bewusster wird. Gewohnheiten gibt es beim Bewegen genauso wie beim Denken, Fühlen, Handeln und Reden. Das Tempo herausnehmen, in die Gegenwart kommen, in kleinen Schritten mit Neuem experimentieren, Grenzen respektieren und sich dabei angenehm entspannen: So gelingt der Start in neue Bewegungsabläufe, die sich außergewöhnlich gut anfühlen.

Genauso leicht und angenehm kann der Beginn eines besseren, glücklicheren Lebens sein.

Was daraus folgt

Was tust du, nachdem du begriffen hast, wie die Gedanken dein Leben steuern?

Wir kennen nun die ersten beiden Prinzipien des Glücks:
1. Gedanken und Gefühle bestimmen unser Leben.
2. Wir sind mehr als unsere Gedanken und Gefühle.

Jetzt kommt es darauf an, daraus die richtigen Schlussfolgerungen zu ziehen.

Noch immer glauben die meisten, dass die Umstände, die anderen, ihre Vergangenheit, ihre Gene oder das Schicksal darüber entscheiden, ob sie glücklich werden oder nicht. Diese Irrtümer haben wir hinter uns gelassen. Wir wissen, dass es in erster Linie auf uns selbst und hier insbesondere auf unser Denken und Fühlen ankommt.

Diejenigen, die erkannt haben, dass ihre Innenwelt starke Auswirkungen auf ihr Leben hat, kommen oft auf die Idee, ihren negativen Gedanken und Gefühlen den Kampf anzusagen. Die Logik ist bestechend: Beseitige das Negative in dir und dein Leben entwickelt sich positiv. Doch leider zeigt sich, dass es trotz aller Anstrengungen nicht so richtig gelingen will, diesen Kampf zu gewinnen.

So kommt man auf die nächste Idee: sich abzulenken von den quälenden Gedanken und den unangenehmen Gefühlen. Man fängt an, vor ihnen davonzulaufen, manchmal im wahrsten Sinne des Wortes. Aber auch diese Strategie geht nicht auf. Es ist wie beim Wettlauf zwischen Hase und Igel. Das Stachelige scheint einem immer einen Schritt voraus.

Die Lösung ist viel einfacher. Sie ergibt sich aus dem zweiten Prinzip des Glücks, nach dem wir mehr sind als unsere Gedanken und Gefühle. Wir können aufhören, zu kämpfen und zu fliehen. Wir müssen nicht an uns arbeiten. Eigentlich brauchen wir gar nichts zu tun, um glücklich zu sein.

Schauen wir uns das mal näher an.

Die negativen Gedanken bekämpfen

Positive Menschen sind eine Wohltat für sich und andere. Sie sind heiter und freundlich. Sie schätzen das Gute, das sie erfahren. Sie versinken nicht im Sumpf der schlechten Nachrichten und führen keine Kämpfe gegen Dinge, die sie nicht ändern können.

Wie kommt man dahin?

Einige beantworten diese Frage so: »Durch positive Gedanken!« Da ist durchaus etwas dran, denn wie wir wissen, fühlen wir so, wie wir denken. Treibt man diese Idee jedoch auf die Spitze, wird es nicht immer besser, sondern schlechter. Man macht sich die Hölle heiß wegen jedes negativen Gedankens. Das sieht dann beispielsweise so aus:

»O Mann, Peter nervt, er ist so negativ und jammert dauernd. Hm, ich sollte nicht schlecht über andere urteilen. Genau genommen jammere ich gerade über Peter. Ich bin es, der nervt. O Gott, ich war schon immer so. Ständig habe ich an allem etwas auszusetzen. Das ist ja furchtbar! Was soll ich bloß tun. Mir fallen im Moment einfach keine positiven Gedanken ein. Jetzt fühle ich mich noch schlechter. Dabei will ich doch einfach nur glücklich sein. Und wenn die Astrologin recht hat, dass meine Sternkonstellation total ungünstig ist!? Da! Das ist auch schon wieder so ein negativer Gedanke!« Und so weiter und so fort.

So sinnvoll es ist, sich immer mal wieder bewusst zu werden, was einem den lieben langen Tag durch den Kopf geht, so sinnlos wird es, wenn man Gedankenpolizei spielt und sich für jede »falsche« Idee sofort ein Bußgeld aufbrummt.

Falls du katholisch aufgewachsen bist, könntest du dich an die sonntägliche Beichte erinnert fühlen. bei der du nicht nur »schmutzige« und »böse« Taten, sondern sogar noch alle »unkeuschen« Fantasien im Einzelnen benennen und bereuen solltest. Eine Freundin erzählte mir, dass sie nichts zu beichten hatte, und sich deshalb mit einem Nachbarskind extra Sachen ausgedacht hat, um ihren Beichtvater zufriedenzustellen.

Eine Gewissensprüfung mag manchmal sinnvoll sein, aber man kann es auch übertreiben. Denn:

> Es gibt keine wirksamere Art,
> sich auf etwas zu fixieren,
> als es sich zu verbieten.

Auf diese Weise schafft man es garantiert, dass die Gedanken ständig um das Verbotene kreisen. Im Kopf scheint kein Platz mehr für irgendetwas anderes zu sein. Kampf führt nie zu Frieden. Das gilt in der Außen- wie in der Innenwelt. Solange du bestimmte Anteile in dir bekämpfst, machst du sie nur stärker.

Daher ist das Bekämpfen negativer Gedanken keine gute Idee.

Die Entdeckung der Kognitiven Therapie

Die Kognitive Therapie, die von Aaron T. Beck seit Beginn der 1960er Jahre in den USA entwickelt wurde, hat viele Vorteile. Anders als unzählige andere Methoden hilft sie nachweislich auch bei schweren psychischen Problemen wie Depressionen, Drogenabhängigkeit und posttraumatischen Belastungsstörungen. Zudem wurde ihre Wirksamkeit – im Gegensatz zu vielen anderen Methoden – in etlichen wissenschaftlichen Untersuchungen bewiesen. In den USA und auch zunehmend in Deutschland ist sie das Mittel der Wahl in Kliniken und bei niedergelassenen TherapeutInnen.

Albert Ellis hat bereits etwas früher, seit Mitte der 1950er Jahre, eine ganz ähnliche Methode begründet. Er nannte sie Rational-Emotive Verhaltenstherapie. Daraus ging nicht nur die Kognitive Therapie hervor, sondern zahlreiche weitere Kognitive Verhaltenstherapien, die alle auf demselben Grundgedanken beruhen: Du fühlst, wie du denkst. Irrationale Gedanken führen zu emotionalen Problemen. Rationale Gedanken helfen dagegen, in jeder Situation das innere Gleichgewicht zu bewahren.

Die Methoden eignen sich deshalb auch besonders gut im Coaching. Ellis hat ihre Zukunft ohnehin im pädagogischen Bereich gesehen.

Auch die drei Prinzipien sind eine kognitive Methode, weil sie bei den Gedanken ansetzen. Einige bezeichnen sie deshalb als neo-kognitiv.

Das Problem bei der Kognitiven Therapie besteht jedoch darin, dass sie dazu auffordert, die eigenen Überzeugungen intensiv zu analysieren und geradezu zu sezieren. Nur so sei es möglich, Gedankenfehler zu identifizieren und auszuschalten. Das Verfahren ist allerdings relativ kompliziert, da die Zahl der möglichen Denkfehler unendlich ist. Deshalb hat die Kognitive Therapie ca. 18 Fehlerkategorien gebildet, denen fast alle irrationalen Gedanken zuzuordnen sind.

Du ahnst sicher schon, dass das ganz schön zeitaufwendig und anstrengend werden kann. Ellis hat die Zahl der Kardinalfehler zwar reduziert, aber eine Rationale Selbst-Analyse (RSA) ist auch nicht ohne, zumal das Erleben in ein enges Schema gepresst werden muss.

Es mag zwar etliche Aha-Erlebnisse beim genauen Betrachten der Gedanken geben. Doch wer tatsächlich darangeht, alle seine Ideen und Überlegungen schriftlich niederzulegen, die problematischen Ansichten anzuzweifeln und durch bessere zu ersetzen, hat eine Menge Arbeit vor sich.

Je nachdem, wie rhetorisch geschult eine Person ist und wie viele Argumente sie abrufen kann, können Rede und Gegenrede des inneren Dialoges auf diese Weise endlos hin- und hergehen.

Die Analyse der eigenen schrägen Denkmuster bedeutet allerdings noch nicht, dass diese damit automatisch überwunden sind. An dem Punkt scheiterte bereits die berühmte Psychoanalyse. Denn sie beließ es im Wesentlichen dabei, den persönlichen Macken Gestalten der griechischen Mythologie (Ödipus!) zuzuordnen, befähigte die KlientInnen jedoch nicht, in absehbarer Zeit ein erfülltes Leben zu führen.

Wer Woody Allens Filme kennt, weiß, dass viele seiner ProtagonistInnen ein Leben lang mehrmals die Woche zu ihren AnalytikerInnen laufen, ohne dass sich irgendetwas ändert. Oder wie ein Krankenhaus-Arzt einem Freund von mir während einer akuten psychischen Krise sagte: »Psychoanalyse kommt für Sie nicht infrage. Dafür müssen Sie knallgesund sein.«

> Wer im Alltag rasche Hilfe benötigt, ist nicht in der Lage, erst einmal durchzuprüfen, wie, wo, wann und warum sich ein irrationaler Gedanke in den Kopf eingeschlichen hat und wie er in einen rationalen und nützlichen umzuwandeln wäre.

Man braucht eine schnelle und sofort anwendbare Art, mit Hindernissen umzugehen, seien es die eigenen Denkmuster oder Schwierigkeiten, die von außen kommen.

Die bunten Pillen

Etliche Menschen fühlen sich damit überfordert, selbst für Klarheit in ihrem Inneren zu sorgen und auf andere Gedanken zu kommen. Lieber fragen sie ihren Arzt oder ihre Apothekerin. Klar, es war ein Fortschritt, als die Medizin beispielsweise Kopfschmerztabletten und Blutdrucksenker erfunden hatte. Doch man braucht bloß die seitenlangen Beipackzettel solcher Wunderpillen zu lesen, um zu begreifen, dass diese – wenn überhaupt – nur als Notfallhilfe für kurze Zeit Sinn machen. Nicht selten haben Mittel gegen Kopfschmerzen nämlich die Nebenwirkung, dass sie Schmerzen im Kopf hervorrufen, Blutdrucksenker machen benommen und schwindelig, wenn sie nicht sogar den Weg in eine spätere Demenz bahnen. ExpertInnen schätzen, dass in Deutschland jährlich viermal so viele Menschen an unerwünschten Wirkungen von Medikamenten sterben als im Straßenverkehr.

Gerade lese ich, dass Wissenschaftler herausgefunden hätten, Paracetamol helfe nicht nur bei physischen Schmerzen, sondern auch bei psychischen, beispielsweise bei Liebeskummer. Noch krasser: Testpersonen, die zuvor Schmerzmittel bekommen haben, beurteilten sowohl niedliche Katzenfotos als auch erschreckende Kriegsszenen weniger positiv beziehungsweise negativ als die Kontrollgruppe. Offenbar war ihre Sensibilität durch die Tabletten herabgesetzt.

Ist das nicht verrückt? Da trauert jemand um eine zerbrochene Liebe, nimmt eine Tablette ein und alles ist wieder gut? Gleichzeitig werden die angenehmen Gefühle mit ausgeschaltet! Wer will so etwas?

Macht die Gleichung »Heute keinen Herzschmerz, dafür morgen einen Leberschaden« wirklich Sinn? Wie wäre es, die eigenen Emotionen nicht zu betäuben, sondern sie wahrzunehmen? Ließe sich daraus nicht einiges lernen, um es in Zukunft besser zu machen? Heißt Persönlichkeitsentwicklung nicht, zu begreifen, dass und wie man leidvolle Situation verhindern oder konstruktiv bewältigen kann?

Es hilft nichts: Die Mühe (so es denn überhaupt eine ist), sich mit seinem Denken und Fühlen auseinanderzusetzen, können einem die schicksten, bunten Pillen nicht abnehmen.

Wer allerdings schon vor der geringsten Lebensstiländerung zurückschreckt und lieber einen Chemie-Cocktail einwerfen will, wird scheitern. Er bekommt nicht das Steuer seines Lebens in die Hand, sondern wird lediglich ein guter Kunde der Pharmaindustrie.

Das ist auch nicht anders als Opas und Omas Devise: »Wer Sorgen hat, hat auch Likör«. Früher Alkohol vom Kaufmann, heute Drogen aus der Apotheke. (Im Englischen bedeutet »drugs« sowohl »Drogen« als auch »Medikamente«, »Arzneien« oder »Dopingmittel«, ein »drugstore« ist eine »Drogerie« oder »Apotheke«. Auch in deutschen Drogerien sind Arzneimittel erhältlich. Das dicke Ende kommt unweigerlich. Das Gesetz von Ursache und Wirkung kann für oder gegen einen arbeiten.

Vor den negativen Gedanken fliehen

Negative Gedanken sind wie negative Menschen. Sie sind MitbewohnerInnen dieser Welt. Man kann ihnen nicht entkommen. Es gelingt nicht, sie vom eigenen Dasein vollständig fernzuhalten.

Warum auch? Sie tun ja nichts. Sie wollen nur spielen. Mitten in deine schönsten Blütenträume werfen sie ein Beiläufiges: »Vergiss es, das wird ja doch nichts!«. In der köstlichsten Speise finden sie das Haar. Im romantischsten Moment fällt ihnen ein, dass das Abendrot früher leuchtender und der Sternenhimmel prächtiger gewesen sei.

Doch was sind eigentlich negative Gedanken?

Es sind jene, die uns Kraft rauben, unser Wohlsein beeinträchtigen, die Beziehung zu unseren Mitmenschen verschlechtern, unsere Klarheit trüben und unser Herz schwer machen. Während positive Gedanken konstruktiv sind, sind negative Gedanken destruktiv.

Negative Menschen völlig aus seinem Leben zu verbannen, ist nahezu ein Ding der Unmöglichkeit. Mit negativen Gedanken geht es gar nicht. Doch muss man sich mit ihnen nicht endlos beschäftigen.

> Es genügt, achtsam mit negativen Gedanken umzugehen. Das heißt, sie zu registrieren (»Aha, da ist wieder so ein Gedanke!«), aber ihnen keine weitere Beachtung zu schenken (»Ja, ja, rede du nur. Ich mach trotzdem, was ich will!«). Indem wir sie beachten, machen wir sie groß und stark. Nichtbeachtung lässt sie verkümmern.

Versucht man, vor ihnen zu fliehen, zeigt man ihnen nur, für wie bedeutsam und beängstigend man sie hält, und weckt ihren Jagdinstinkt. Dann lassen sie nicht locker und halten einen für eine lohnende Beute. Zeigt man keine übertriebene Reaktion, verlieren sie das Interesse und suchen sich ein passenderes Objekt. Man lässt sie ein bisschen an sich schnuppern und anschließend weiterziehen. Sie haben nicht die Macht, einem etwas zu tun. Man braucht sich von ihnen nicht weiter stören zu lassen.

Leider wissen das viele nicht. Deshalb suchen sie Wege, ihre negativen Gedanken loszuwerden.

Der Wunsch, das Denken abzuschalten

Bei tausenden Gedanken, die uns Tag für Tag durch den Kopf rauschen, ist das Bedürfnis nur allzu verständlich, dieses Grundrauschen endlich einmal abzustellen. Abschalten, nichts denken, endlich Ruhe da oben haben. Ist das möglich?

Nicht wirklich und wenn, dann nur sehr kurz.

Stell dir wieder das Meer der Gedanken vor, über das du mit deinem Boot fährst. Mal schlagen die sturmgepeitschten Wellen hoch, mal liegt das Wasser glatt wie ein Tuch vor dir. Du hast immer Wasser unterm Kiel. Und das ist auch gut so, denn sonst könntest du nicht segeln. Du brauchst dein Schiff aber nicht mitten in den Sturm zu steuern, sondern kannst es so lenken, dass sich die Turbulenzen in Grenzen halten und du nur so weit durchgeschüttelt wirst, wie es unvermeidbar ist.

Wenn du das Meer deiner Gedanken weder verflucht noch seine Strömungen unterschätzt, gelingt es dir, elegant darüber hinwegzugleiten. Die Gedanken plätschern und rauschen, aber sie können dich nur packen, wenn du in sie eintauchst. Abschalten zu wollen, sich weit weg vom Meer der Gedanken zu wünschen, bedeutet auch, nicht im Fluss zu sein. Erinnere dich daran, dass du die Gedanken brauchst, um zu segeln. Ohne sie sitzt du auf dem Trockenen. Nimm einfach in Kauf, dass es auf dem Meer Stürme gibt. Aber auch der schlimmste Orkan geht vorüber.

> Es sind nur Gedanken, nichts weiter. Sie wirbeln ein bisschen umher, und schon treiben sie weiter und machen neuen Einfällen Platz.

Viele Menschen lieben das Meer und das stetige Spiel der Wellen, die heranrollen und sich wieder zurückziehen. Dabei kann so ein Meeresrauschen verdammt laut sein. Ich habe einmal versucht, eine Tonaufnahme der nicht eben für heftiges Toben bekannten

Ostseewellen zu machen. Als ich mir zuhause anhörte, was ich aufgenommen hatte, ließ sich das Geräusch kaum von dem eines rasenden Güterzuges unterscheiden. Es ist also wieder einmal eine Frage der Bewertung, wie man Geräusche interpretiert.

Eben darum kann es ein wohliges Gefühl sein, wenn man sich nach einem ereignisreichen Tag ins Bett legt und noch ein wenig diesem Meeresrauschen, dem Wirbeln der Gedankenwellen lauscht. Sie kommen, sie gehen, sie werden leiser und entfernen sich – und schon ist man eingeschlafen.

Es ist eine natürliche Funktion des Geistes, am laufenden Band Gedanken zu produzieren. Sie länger abzuschalten, geht nicht. Sich nicht von ihnen überschwemmen und beunruhigen zu lassen, das ist dagegen sehr gut möglich. Und eines sollten wir uns klarmachen: Endgültige Ruhe haben wir erst, wenn wir tot sind. Und nicht einmal das ist sicher.

Meditation

Recht häufig glauben Menschen, mithilfe von Meditation ihr inneres Selbstgespräch zum Schweigen bringen zu können. So versprechen es auch viele Meditationsbücher. Dabei geht es beim Meditieren gar nicht darum, keine Gedanken mehr zu haben, sondern alles, was kommt, einfach zu betrachten und dann weiterziehen zu lassen.

Glaubt man, durch Meditation die Hirnaktivität der Null-Linie anzunähern, so wird man enttäuscht sein. Man fällt dabei weder ins Koma noch in einen gedankenfreien Raum. Diejenigen, die versuchen, während des Meditierens nicht mehr zu denken, sind dieselben, die dabei ständig frustriert sind und bald keine Lust mehr darauf haben.

Meditation ist vielmehr eine ausgezeichnete Praxis, um seine Achtsamkeit zu schulen. Man wird bewusster, was das eigene Denken und Fühlen angeht. Man lernt, sich immer wieder auf sein Meditationsobjekt auszurichten. Eine besonders schöne Art der Meditation ist es, sich überhaupt nichts vorzunehmen, sondern nur darauf zu achten, was passiert. Passieren kommt übrigens von dem französischen Wort »passer«, was so viel bedeutet wie vorüberziehen, durchreisen, durchlaufen lassen. Das trifft den Zweck der Meditation ziemlich genau.

Meditieren bedeutet nicht
abschalten, bekämpfen oder unterdrücken,
sondern erlauben und zulassen.

In einer Welt, die dem Machbarkeitswahn verfallen scheint und alles und jedes regeln möchte, handelt es sich beim Zulassen um eine geradezu exotische Fähigkeit. Das Nicht-Eingreifen kann enorm entspannend sein. Tritt keine Entspannung ein, lässt man auch dies zu.

Leider wird die Meditation zunehmend zweckentfremdet. Ich denke hierbei an die Menschen, die mit dem Leben nicht zurechtkommen, weder Ruhe noch Zufriedenheit finden und deswegen gar nicht mehr aufhören wollen zu meditieren. Meditation dient jedoch gerade nicht der Weltflucht. Man kann dabei lernen, loszulassen, nicht auf alles zu reagieren. Diese Fähigkeit wird einem das Leben erleichtern. Ob jemand richtig meditiert, erkennt man daher erst, wenn er oder sie sich vom Meditationskissen erhebt und in den Alltag zurückkehrt.

Eine untadelige Sitzhaltung beim Meditieren ist nebensächlich. Wer die längste Zeit absolut unbeweglich sitzen kann, gewinnt nicht.

Falls du dich entschließen solltest, täglich zu meditieren, kann ich dich dazu nur beglückwünschen. Aber versuche bitte nicht, auf diese Weise deinen Gedanken zu entkommen.

Ablenkung

Ein weiterer, untauglicher Versuch, vor unangenehmen Gedanken zu fliehen, besteht darin, sich abzulenken. Dafür gibt es in unserem modernen Leben unzählige Möglichkeiten.

Man kann extremshoppen, pausenlos im Internet surfen, sich täglich durch hunderte Fernsehsender zappen, von einem superwahnsinnswichtigen Event zum nächsten eilen, sich die Kante geben und so weiter und so fort. Letztlich kann man aus seinem gesamten Leben eine riesengroße Ablenkungsveranstaltung machen, indem man alles Mögliche unternimmt, aber nie das, was einem wirklich am Herzen liegt. Ich finde, es gibt kaum etwas Traurigeres.

> Die Flucht vor den eigenen Gedanken kann nicht gelingen.

Blinder Aktionismus ist oft nichts anderes als der Versuch, sein Inneres zum Schweigen zu bringen. Man macht viel Wind, weiß aber eigentlich nicht wozu.

Sich auf sich selbst einzulassen, seinen eigenen Weg zu finden und konsequent zu gehen, erfordert eine ganze Menge Mut und Durchhaltevermögen. Dieser Weg kommt einer HeldInnenreise gleich. Als Erstes braucht es Achtsamkeit, um den Ruf zu vernehmen, zu spüren, wofür man auf der Welt ist. Viele innere und äußere Hindernisse sind auf der Reise zu überwinden. Man muss sich ständig auf Neues einstellen, sich auf unbekanntem und sogar gefährlichem Boden bewähren, bis man endlich den Schatz nach Hause tragen darf. Und was das Beste ist: Dieser Schatz besteht nicht aus einer Truhe voller Gold und Edelsteine, sondern er setzt sich zusammen aus den Einsichten, den Erfahrungen und Fähigkeiten, die man durch all die bestandenen Abenteuer erlangt hat. Man trägt den Schatz in sich. Man ist selbst zu diesem Schatz geworden.

Wer die HeldInnenreise gar nicht erst antritt oder mittendrin aussteigt, versäumt das Entscheidende im Leben. Ein Schiff, das im Hafen liegt, ist relativ sicher, aber dafür ist es nicht gemacht.

Doch es scheint viel bequemer, sich den zahlreichen Ablenkungen hinzugeben. Aber ist es das wirklich? Ist man dadurch vor inneren und äußeren Anfeindungen wirklich geschützt? Gibt es nicht immer wieder Zeiten, in denen es nicht so recht gelingt, sich abzulenken?

Allerdings ist die Flucht vor negativen Gedanken nicht das einzige Problem. Auch das Nachgeben gegenüber vermeintlich guten Ideen kann dazu führen, dass man sich heillos verzettelt. Wer jedem spontanen Einfall sofort begeistert folgt, wird zum Spielball seiner Fantasie, springt mal hierhin, mal dorthin, aber bringt nichts zustande. Die Geduld, ein Ziel beharrlich zu verfolgen, bleibt auf der Strecke.

Die endlosen Verlockungen können es einem schwer machen, bei dem zu bleiben, was für einen wesentlich ist. Jeder kennt den Unterschied zwischen dem Vertrödeln der Zeit und der Befriedigung, sie sinnvoll genutzt zu haben.

Die Erkenntnis, dass man mehr ist als seine Gedanken, ermöglicht es, sie einfach zu beobachten: nicht vor ihnen fliehen, ihnen nicht ausweichen und ihnen auch nicht automatisch folgen.

Arbeitssucht

Es gibt viele Gründe, zu viel zu arbeiten. Ungelöste Probleme sind eine der häufigsten Ursachen dafür. Man will nicht an die schlimme Vergangenheit denken müssen, auch nicht an die unbefriedigende Gegenwart oder an die Zukunft, vor der man Angst hat. Lieber überhäuft man sich mit Arbeit, um dann nach Mitternacht »kaputt« ins Bett zu fallen. Die freie Zeit, die Wochenenden und der Urlaub wird genauso »weggearbeitet«.

»Bruttosozialprodukt« (»Jetzt wird wieder in die Hände gespuckt«), dieser Song der Gruppe Geier Sturzflug ist legendär und wird im Internet millionenfach geklickt. Er beschreibt den Irrsinn entfremdeter Arbeit. Damit meine ich die Tätigkeiten, die nichts mit einem selbst zu tun haben. Doch auch wenn man einen Beruf gewählt hat, den man mag, kann es passieren, dass man zu viel des Guten tut. Wer mit sich im Reinen ist, kann sowohl die Arbeit als auch die Freizeit genießen. Das eine macht das andere nur noch besser.

Gier schadet in jeder Form, auch wenn sie als Arbeitssucht daherkommt. »Ich will nur noch diese eine Sache abschließen, dann ruhe ich mich aus«, »Schlafen kann ich, wenn ich tot bin«, »Hart arbeiten und hart feiern«: Es gibt viele Argumente, das Zuviel zu rechtfertigen und schönzureden. Dabei ist seit Langem bekannt, dass Pausen und freie Tage nicht nur Körper, Geist und Seele guttun, sondern auch das Arbeitsergebnis verbessern.

Kreativität ist ohne die sprichwörtliche kreative Pause undenkbar.

Und was bedeutet es, wenn man eine Tätigkeit geistlos ausübt? Was soll dabei herauskommen?

Man weiß inzwischen, dass Schlafmangel dieselbe Wirkung hat wie Alkohol. Je gravierender der Schlafmangel, desto höher der »Promillegehalt«. Ist das nicht schockierend, insbesondere wenn man sich die nächtelangen Verhandlungen von Politikerrunden anschaut? »Wer zuerst umfällt, hat verloren«, so lautet offensichtlich die Devise. Doch was bedeutet das für die Qualität der getroffenen Entscheidungen? Schau dir den Zustand der Welt an!

Ein untrügliches Zeichen dafür, dass einen die Arbeitssucht gepackt hat, ist das Gefühl, keine Pause mehr zu brauchen und ewig weiterarbeiten zu können.

In Wirklichkeit hat einen natürlich nicht die Arbeitssucht gepackt – du hast es bestimmt bemerkt –, sondern man selbst hat sich (zumindest unbewusst) entschieden, wie ein Berserker zu schuften. Diese Entscheidung ist jederzeit umkehrbar. Es besteht keine wirkliche Abhängigkeit von dem »Stoff« Arbeit. Es ist oft nur eine Flucht vor den negativen Gedanken und Gefühlen, die hochkommen, sobald man sich ruhig hinsetzt. Dabei könnte einen das, was dann aufsteigt, auf die richtige Spur führen.

Extremsport: der Versuch, vor den Gedanken davonzulaufen

Ich gebe es zu: Das, was üblicherweise unter Sport verstanden wird, ist nicht mein Ding. Zwar gehe ich sehr gerne spazieren, schwinge ein wenig auf meinem Trampolin oder mache eine Feldenkrais-Übung. Doch das alles ist weit entfernt vom Diktat des Höher, Schneller, Weiter. Im Gegenteil, ich bewege mich lieber langsamer, bewusster und kürzer. Wie so oft halte ich es in diesem Punkt mit dem Buddha, der den Mittleren Weg empfahl und alle Extreme für schädlich hielt. Er selbst hatte sich in jungen Jahren harter Askese unterworfen und gemerkt, dass sie ihm nicht half, sein Leiden zu überwinden. Sie machte alles nur noch schlimmer. Deshalb gab Buddha extreme Wege auf.

Ich will aber keinem das Marathonlaufen, das Bergsteigen oder den Ironman-Wettkampf vermiesen. Menschen sehen nicht nur unterschiedlich aus, sie haben auch gegensätzliche Bedürfnisse. Was für den einen nicht passt, ist für die andere genau richtig. Doch die Frage ist: Warum machst du das? Was soll dabei herauskommen? Bringt dich das dahin, wo du hin willst? Tust du es, weil es dir Spaß macht oder weil du etwas vermeidest? Zieht es dich dorthin oder treibt dich etwas?

Nicht selten ist Extremsport Flucht vor sich selbst mit anderen Mitteln und unterscheidet sich nicht von der Arbeitssucht.

Es sind zwei Seiten einer Medaille. Lauert hinter der Quälerei die bange Frage: »Was geschieht mit mir, wenn ich zur Ruhe komme?«
Gerne wird gegen Depressionen Jogging empfohlen. So sinnvoll es ist, sich moderat an frischer Luft zu bewegen und aus Grübelspiralen herauszukommen, indem man körperlich aktiv wird: Es kann auf Dauer nicht gelingen, vor seinen eigenen Gedanken davonzulaufen. So weit kann niemand rennen und so schnell niemand werden, dass die Gedanken einen nicht einholen oder am Ziel bereits wieder auf einen warten.

Positives Denken

Manche benutzen positives Denken, um vor ihren negativen Gedanken zu fliehen. Sie glauben tatsächlich, jeder unheilvollen Überlegung sofort eine heilsame folgen lassen zu müssen, damit kein Unglück passiert. Wir sprachen bereits darüber, dass es sich dabei um magisches Denken handelt, weil man irrtümlich annimmt, dass vom eigenen Denken der Lauf der Welt bestimmt wird. Aber um es noch einmal zu wiederholen: Nur Gedanken, die in die Tat umgesetzt werden, ziehen auch Folgen nach sich. Wie weitreichend die sind, ist die nächste Frage. Meist bleibt unser Einfluss auf die Welt sehr begrenzt. Würde sie sich durch einen einzigen Gedanken wie auf Knopfdruck auflösen, wäre das längst passiert.
    Zwanghaftes positives Denken ist anstrengend und schadet mehr, als es nützt.

Es hat mit Gelassenheit nichts zu tun, wenn man versucht, jede dunkle Wolke wegzulachen und schon den bloßen Gedanken an ein Problem zu unterdrücken.

Entspanntheit geht anders. Wer wirklich begriffen hat, wie man mit seinen Gedanken sein Leben steuert, hat es nicht nötig, Schwierigkeiten auszublenden. Es macht überhaupt nichts, sich hin und wieder Sorgen zu machen, Furcht zu empfinden oder schlechte Laune zu haben. All das ist einfach nur normal.

Stell dir eine Welt vor, in der es verboten wäre, negativ zu denken. Ich fände das unmenschlich.

Verbiete dir deine negativen Gedanken nicht. Ganz im Gegenteil, erlaube dir, Probleme zu wälzen, deine Sorgen zu zählen, niedergeschlagen, neidisch oder ängstlich zu sein. Genauso wie du über Lösungen nachdenkst, deine Erfolge auflistest, glücklich, entspannt und zufrieden bist. Es sind nur Gedanken und Gefühle, weiter nichts.

Der Schriftsteller Amos Oz berichtete, sich morgens beim Aufwachen darauf einzustellen, dass weder der Strom funktioniert, um sich einen Kaffee zu brühen, noch die zentrale Wasserversorgung, um den Tag mit einer Dusche zu beginnen. Ganz schön negativ, oder?

Solche Gedanken zauberten jedoch nicht den Zusammenbruch der Zivilisation herbei, sondern ihm ein fröhliches Lächeln ins Gesicht, wenn er – entgegen seiner Erwartungen – feststellte, dass alles wie am Schnürchen klappte. Diese Art negativen Denkens stellt sich also in Wahrheit als konstruktive Gute-Laune-Strategie heraus.

Grundlegender noch ist die Überlegung: Was ist eigentlich positiv, was negativ?

Kennst du das taoistische Yin-Yang-Symbol? Eine schwarze und eine weiße Fläche sind in einem Kreis harmonisch ineinander verschränkt. Mitten im Schwarzen befindet sich ein kleiner weißer Punkt, mitten im Weißen ein kleiner schwarzer.

Dieses Symbol enthält eine tiefe Weisheit. Schaut man genau genug hin, lässt sich nämlich in allem Schlechten ein klein wenig Gutes finden und umgekehrt. Nicht immer ist es gleich erkennbar. Ebenso lässt sich in jeder negativen Überlegung ein positiver Aspekt und in jeder positiven ein negativer finden. Achte einmal darauf!

Jedenfalls braucht man weder negative Gedanken noch negative Erfahrungen aus seinem Leben zu verbannen. Denn sie tragen stets etwas in sich, was hilfreich ist. Und das ist dann schon wieder positiv.

Die negativen Gefühle bekämpfen

Genauso wenig wie wir negative Gedanken bekämpfen sollten, verhält es sich mit unseren negativen Gefühlen.

Klar, wer mag schon Angst, Niedergeschlagenheit oder Wutausbrüche? Diese Emotionen fühlen sich einfach schlecht an. Trotzdem erfüllen alle – wirklich alle – Gefühle prinzipiell eine wichtige Aufgabe. Die negativen zeigen uns, was schlecht für uns ist oder uns jedenfalls so erscheint. Die angenehmen Emotionen signalisieren, dass wir auf dem richtigen Weg sind.

> Es macht daher keinen Sinn, negative Gefühle zu bekämpfen, denn sie wollen uns ja nicht quälen, sondern eine wichtige Botschaft überbringen.

Sie dienen als Alarmanlage. Niemand, der bei Verstand ist, würde eine ohrenbetäubend gellende Alarmanlage zerstören, nur weil der Ton momentan so nervig ist. Im Gegenteil, man würde augenblicklich schauen, ob an der Warnung etwas dran ist, und gegebenenfalls das Notwendige tun.

Erinnern wir uns noch mal an den schwarz-gelb gemusterten Gartenschlauch, den man im ersten Augenblick für eine Schlange gehalten hat. Kaum ist der Irrtum entdeckt, fällt auch die Angst weg. Es war ein Missverständnis. Das kann passieren. Trotzdem ist die Vorsicht vor Schlangen grundsätzlich begründet. Und auch der Schreck angesichts des Gartenschlauchs macht Sinn. Nicht ohne Grund ist er so gemustert. Wäre er so grün wie die Pflanzen, zwischen denen er liegt, würden wir stolpern und auf die Nase fallen.

Und wie sieht es aus, wenn der Chef einen anbrüllt? Die Wut, Niedergeschlagenheit oder Angst, mit der viele Menschen darauf reagieren, enthält eine Fülle von Botschaften. Guckt man sich seine persönliche Reaktion genauer an und versucht, die Nachricht darin zu entschlüsseln, kommt Wegweisendes dabei heraus. In der Wut könnte die Erkenntnis stecken: »Such dir einen neuen Job mit einem angenehmen Chef!« oder aber »Niemand hat einen Anspruch darauf, von emotional intelligenten Personen umgeben zu sein. Sich darüber aufzuregen bringt nichts!«

Die Niedergeschlagenheit könnte die Botschaft in sich tragen: »Nur weil sich jemand danebenbenimmt, brauchst du dich nicht ohnmächtig zu fühlen. Halte stand! Entdecke deine innere Kraft!«

Die Angst könnte signalisieren: »Lerne, dich nicht ins Bockshorn jagen zu lassen!« oder »Was könntest du tun, wenn du mehr Mut hättest? Vielleicht deinem Chef mal Contra geben?«

Jedenfalls braucht niemand seine Gefühle zu bekämpfen. Entweder sie enthalten wichtige Informationen – wie gut. Falls nicht, lässt du sie einfach links liegen.

Hör auf, an dir zu arbeiten

Obwohl wir intelligent genug waren, Maschinen und Roboter zu entwickeln, die uns etliche Schwerstarbeit abnehmen, tun wir immer noch so, als müssten wir nahezu rund um die Uhr schuften, um ein gutes Leben zu führen.

Oft gilt Anstrengung mehr als das Ergebnis. Nach dem Motto: Hauptsache, man hat sich angestrengt.

Wer sich erschöpft, sich die Lunge aus dem Leib hetzt und dabei vielleicht noch seine Seele verliert, wird bewundert, während diejenigen, die nur tun, was nötig ist, aber keinen Deut mehr, schief angesehen werden. Doch wohin hat uns diese Einstellung gebracht?

Und wenn man schon mal dabei ist zu rackern, meint man, auch gleich noch an sich selbst arbeiten zu müssen. Es gibt mehr Selbstoptimierungsprogramme, als man zählen kann. Deren Fülle erweckt leicht den Eindruck, man sei irgendwie ein hoffnungsloser Fall.

Man arbeitet an seiner Einstellung, an seinen Gefühlen, an seinem Körper, seiner Gesundheit, seiner Fitness, seinem Aussehen, seinem Gewicht und und und. Damit man »richtig« entspannt, arbeitet man auch noch daran. Das Glück nicht zu vergessen: Das hat man ebenfalls in Arbeit.

Damit nicht genug: Auch die anderen steckt man stillschweigend in ein Optimierungsprogramm. Die PartnerIn soll Stück für Stück an die eigenen Wünsche angepasst werden. Die Kinder müssen Tag für Tag in jeder Hinsicht besser und besser werden. Ihr Potenzial soll sich voll entfalten. An den Eltern arbeitet man auch noch.

Dabei übersieht man leider eines:

»Ab Werk« sind wir so eingestellt, dass Glück unser Normalzustand ist. Das merken wir nur nicht, weil wir die ganze Zeit so beschäftigt sind und es überall in der Welt suchen. Damit es spürbar wird, ist es unumgänglich, dass wir endlich einmal die Füße still halten und Ruhe geben.

Ich weiß, dass diese Aussage einige zum Widerspruch reizt. Wir sind so beseelt davon, unser Glück »machen« zu müssen, dass uns die Idee, von Natur aus glücklich zu sein, absurd vorkommt. Deshalb erwarte ich nicht, dass mir jeder sofort begeistert zustimmt (obwohl manche es sicher tun werden).

Bei Sydney Banks fiel der Groschen, als ihm jemand sagte, dass er nicht unsicher sei, sondern nur denke, dass er unsicher sei. Trifft das nicht auch auf das Glück zu?

Du bist nicht unglücklich, du denkst nur,
dass du unglücklich bist.

Glücklich zu sein ist einfacher, als die meisten glauben. Wir brauchen nur aufhören, uns unglücklich zu machen. Dazu gleich mehr.

Vieles in unserem Leben geschieht auf wunderbare Weise von allein. So verfügt der Körper beispielsweise über Selbstheilungskräfte. Im Schlaf reparieren sich unsere Zellen. Unser Gehirn veranstaltet gleichzeitig ein Großreinemachen und spült alles weg, was wir nicht mehr brauchen.

Würden wir darangehen, alle unsere Gedanken eines Tages – das sind zehntausende – analysieren, katalogisieren und nachträglich bearbeiten zu wollen, hätten wir viel zu tun, zu viel. Diese Arbeit wäre nicht zu stemmen. Müssten wir uns aus jedem irrationalen oder aus allen negativen Gedanken herausdenken, kämen wir nicht mehr dazu, unser Leben zu genießen. Gedanken sind nur sehr begrenzt kontrollierbar und brauchen es auch gar nicht zu sein.

Das Einzige, was es zu erkennen gilt, ist: Es sind nur Gedanken, nicht mehr und nicht weniger. Wir haben verrückte und kluge, hilfreiche und unsinnige, uralte und brandneue Ideen, die wie Wolken durch unseren Kopf und wieder herausschweben. Mal gibt es ein Gewitter, mal ein paar hübsche, fluffige Schäfchenwolken. Wir können ihnen zuschauen, wie sie kommen und gehen. Das ist alles. Wer käme auf die Idee, diese Gebilde bearbeiten und ändern zu wollen?

Also: Hör auf, an dir zu arbeiten und fang an zu leben!

Tue nichts und werde glücklich

Glück ist unser natürlicher Zustand und bleibt es für alle Zeiten.
 Wie müssen dafür nichts tun. Wir brauchen es uns nicht zu verdienen. Es ist ein Geschenk, das wir gratis zu unserer Existenz hinzubekommen.
 Zugegeben, ein bisschen ist schon zu tun. Wir müssen unsere Grundbedürfnisse einigermaßen erfüllen. Falls jemand nicht mehr weiß, was die Grundbedürfnisse sind, hier ein paar Tipps:
 Es ist nicht die Flugreise nach Mallorca oder auf die Malediven, nicht die Fahrt mit dem neuesten Hotelschiff und auch nicht der Hummer (weder der Krebs noch das Auto).
 Eher das, was der Philosoph Diogenes besaß: einen Mantel, einen Rucksack, ein paar Lebensmittel, einige Gebrauchsgegenstände und eine Tonne für die Nachtruhe. Als Alexander der Große ihn besuchte und fragte, womit er ihm dienen könne, sagte Diogenes: »Geh mir aus der Sonne.«

Um glücklich zu sein, muss man nicht viel tun, sondern vor allem nur eines lassen: sich unglücklich zu machen.

Tue nichts und werde glücklich

Du hast richtig gelesen: Es geht darum, (fast) nichts zu tun, sondern alles zu unterlassen, was einen unglücklich macht.

Aufhören, sich zu überlasten (bei der Jagd nach dem Glück), sich nicht in alles und jedes einmischen, nicht ständig darauf bestehen, dass alles so gehen muss, wie man sich das vorstellt.

Menschen haben Tag für Tag von frühmorgens bis spät in die Nacht und auch noch im Schlaf unendlich viele Gedanken und Gefühle, doch sie brauchen diese weder alle ernst noch wichtig zu nehmen.

Es ist eher so, als würde eine Tüte voll Konfetti über einem ausgeschüttet. Die roten, grünen, gelben und blauen Papierplättchen wirbeln um einen herum, aber der größte Teil fällt sofort auf den Boden. Den Rest schüttelt man sich aus den Haaren (soweit vorhanden) und von den Kleidern (ebenso), und das war's dann auch schon. Kein Grund, sich Stress zu machen. Doch nicht wegen seiner Gedanken und Gefühle!

Oder du stellst dir deine Gedanken und Gefühle als Seifenblasen vor. Aus einer kleinen Box (deinem Kopf) steigen große und kleine, bunt schillernde Gebilde auf, die hierhin und dorthin wabern und die man bestaunen kann, wenn man will. Doch nach kurzer Zeit zerplatzen sie, und übrig bleibt nur ein kleiner Seifenfleck, der schnell trocknet.

Gefühle haben eine Verweildauer von höchstens 90 Sekunden, wenn man ihnen keine neue Nahrung gibt. Ohne Gedanken und Beachtung verschwinden sie schnell wieder.

Gedanken sind sofort wieder weg, wenn man sie nicht weiterspinnt. Sie sind auf Wiederholung und die Verbindung mit weiteren Gedanken angewiesen.

Vielleicht kennst du die Alexander-Technik. Das ist eine sehr kluge Bewegungsmethode, bei der es darum geht, sein natürliches Potenzial zur Entfaltung zu bringen. Und das heißt vor allem, sich Fehlhaltungen und daraus resultierende Verspannungen und

Schmerzen bewusst zu machen und aufzugeben. Man zwingt sich also nicht, die »richtige« Körperhaltung einzunehmen, sondern schult seine Achtsamkeit, damit man alles weglässt, was die natürlichen und gesunden Impulse stört.

Genau darum geht es auch bei den drei Prinzipien:
Mit den Gedanken steuerst du dein Leben. Das Bewusstsein ermöglicht dir zu erkennen, welche Gedanken und Handlungen dich unglücklich machen. Unterlässt du sie, treten Glück und Weisheit als deine wahre Natur hervor. Dazu jetzt mehr.

Das dritte Prinzip: Glück und Weisheit sind deine wahre Natur

Das intelligente Universum

Wir sind Teil eines unglaublich intelligenten, weisen Universums.

Bevor du auf diese Welt kamst, ist schon eine Menge geschehen. Mit einem großen Knall hat sich vor ungefähr 14 Milliarden Jahren unser Universum gebildet (das ist jedenfalls die immer noch vorherrschende Theorie). Aus Einzellern wurden Zellverbände. Nach und nach haben sich Pflanzen, Reptilien, Vögel, Säugetiere und Menschen entwickelt.

Aber auch heute ist noch viel los. Während du schläfst, dreht sich die Erde unbeirrt um ihre eigene Achse. Während du dir Sorgen machst oder ein Geschäft aufbaust, vielleicht auch beides gleichzeitig, wird Abend und Morgen, Frühling, Sommer, Herbst, Winter und wieder Frühling. Die Sonne lässt alle Lebewesen gedeihen, der Regen macht Böden fruchtbar und gibt uns zu trinken, Sterne entstehen und vergehen.

Erdplatten schieben sich übereinander, Inseln bilden sich oder verschwinden, Flüsse treten über die Ufer, Wälder brennen. Auch das gehört dazu. Nicht immer lässt sich sagen, ob ein Ereignis gut oder schlecht ist. Gut für wen, schlecht für wen?

In Wäldern, die vom Feuer verwüstet schienen, wachsen junge Bäume nach. Die Asche ihrer Ahnen lässt den Nachwuchs besonders kräftig werden. Sie ist Lebenselixier für neue Arten. Bereits die UreinwohnerInnen Australiens haben bewusst gelegte Feuer klug genutzt, um Wälder zu erhalten und zu erneuern.

Alles gehört zusammen und greift ineinander. Vieles ist nicht so, wie es auf den ersten Blick scheint. Erst mit einem weiten Horizont, erst wenn man Jahrzehnte und Jahrhunderte überblickt, lässt sich ermessen, was da eigentlich vor sich geht.

»Wir leben auf einem blauen Planeten, der sich um einen Feuerball dreht, mit 'nem Mond, der die Meere bewegt, und du glaubst nicht an Wunder.« Dieser Songtext von Marteria bringt auf den Punkt, wie wunderbar und letztlich unbegreiflich unsere gesamte Existenz ist. Denn können wir uns wirklich vorstellen, dass in einer unendlichen Weite riesige Gebilde herumfliegen, die ganze Welten tragen? Wie war es möglich, dass sich aus Einzellern komplizierte Lebewesen bildeten? Warum krochen einige von diesen später an Land und entwickelten sich zu Vögeln, Säugetieren und Menschen? Ist der Mensch der Endpunkt dieser Entwicklung oder sind wir nur eine Zwischenstufe zu etwas noch nicht Vorstellbarem?

> Viele Menschen reden davon, die Welt retten zu wollen.
> Aber hat die Welt unsere Hilfe überhaupt nötig?

Ist sie nicht viele Millionen Jahre sehr gut ohne Menschen ausgekommen? Vielleicht sollten wir besser anfangen, unsere eigene Haut zu retten und die unserer inzwischen bald 8 Milliarden NachbarInnen. Es gäbe so viel zu tun. Nein, eigentlich müssten wir einfach nur vieles lassen: die Kriege, die Abholzung des Regenwaldes, die Vergiftung der Luft, des Wassers und des Bodens. Das wäre schon mal ein guter Beginn.

Die Frage, wer intelligenter ist, das Universum oder der Mensch, scheint bereits beantwortet, allerdings nicht zu unseren Gunsten. Doch wir könnten aufholen, wenn wir aufhören würden, uns so dumm zu verhalten, wie wir es tun.

Der lebendige Planet Erde

Alles dreht sich, alles bewegt sich. Überall, wo man hinsieht, wimmelt es von Leben. Du brauchst nur ein Glas Wasser oder den Rest einer Pizza eine Weile stehen zu lassen, schon beginnt die Besiedelung mit Mikroorganismen. Löwenzahn bricht durch Asphalt, Birken sprießen aus Bauruinen, über alles wächst Gras, wenn man es nicht daran hindert.

Vielen Menschen ist es unangenehm zu hören, dass auch sie von Millionen von Kleinstlebewesen besiedelt sind. Dabei machen die meisten dieser Mikroben einen hervorragenden Job. Sie unterstützen uns bei der Verdauung oder bekämpfen Krankheitserreger. Ebenso wie Menschen den Erdball bevölkern und in jede Ecke dieses Planeten vordringen, ist unser Körper ein idealer Lebensraum für Einzeller.

Wir sind dafür geschaffen, mit unseren »Mitbewohnern« in zumeist friedlicher Koexistenz zu leben. Versucht man durch übertriebene Hygienemaßnahmen diese Kleinstwuseler zu vertreiben, dreht unser Immunsystem durch und wendet sich gegen die gesunde Substanz. Wieder einmal pfuscht der sich für intelligenter haltende Mensch dem gut aufeinander abgestimmten Zusammenspiel alles Lebendigen dazwischen.

Sicher, es gibt auch todbringende Bakterien und Viren, vor denen wir uns schützen sollten. Doch fällt es der Menschheit offensichtlich nicht leicht, dies auf kluge Weise zu tun. Nicht selten ist die Therapie schlimmer als die Krankheit.

Ebenso wie Arten aussterben, entstehen immer wieder neue. Die Vitalität unseres Planeten scheint unbegrenzt. Es hat etwas Tröstliches, dass alles was stirbt, die Grundlage für neues Leben bildet. Tod bedeutet Wandel. Nichts ist sinnlos, nichts geht verloren, nicht einmal die Materie, geschweige denn Geist oder Seele.

Die beseelte Tier- und Pflanzenwelt

Es scheint eine Besonderheit von Menschen zu sein, sich als die Krone der Schöpfung und damit allen anderen Lebewesen überlegen zu fühlen. Wie sonst ist es zu erklären, dass wir so geringschätzig mit unseren tierischen und pflanzlichen Nachbarn umgehen?

Dabei waren wir auch einmal wie diese. Im Mutterleib durchlaufen wir während der embryonalen Entwicklung viele verschiedene Stadien. Zuerst ist da nur eine befruchtete Eizelle. In schneller Folge entwickeln sich immer mehr Zellen. Trotzdem sind wir erst wenige Millimeter groß und sehen einer Bohne ähnlicher als einem Menschen. Dann sehen wir wie ein Fisch aus und später ein bisschen wie ein winziges Känguru. In neun Monaten spielen wir die Entstehung der Menschheit noch einmal in schneller Folge, sozusagen im Zeitraffer durch. Der Bauch unserer Mutter ist unser Universum.

Der menschliche Hochmut gegenüber Tieren und Pflanzen ist unbegründet. So gelten die Dinosaurier als gescheiterte Art, weil sie ausgestorben sind. Dabei übersieht man, dass sie ungefähr 180 Mio. Jahre die Erde bevölkerten. Menschenartige Wesen gibt es dagegen erst seit rund 20 Mio. Jahren, den Homo sapiens sogar erst seit etwa 300 000 Jahren. Warten wir also mal ab, wie sich die Dinge weiterentwickeln.

Zugegeben, Tiere und Pflanzen können keine Computer bauen. Doch sie sind in der Lage, vieles ganz selbstverständlich zu tun, wofür wir halbe Ewigkeiten gebraucht haben: wie etwa durch die Lüfte fliegen oder die Meere durchqueren. Je exakter geforscht wird, desto mehr Fähigkeiten unserer gefiederten und befellten Mitbewohner werden entdeckt.

Vögel sind in der Lage, farbige Plastikteile in Töpfe der entsprechenden Farbe zu sortieren. Hunde und Pferde können unsere Emotionen nicht selten zuverlässiger spüren als einige unserer menschlichen Freunde. Tiermütter ziehen fremde Babys auf, manchmal sogar die von anderen Arten. Elefanten scheinen um verstorbene Angehörige zu trauern.

Und auch Pflanzen leisten Bemerkenswertes. Der Förster Peter Wohlleben berichtet in seinem Bestseller *Das geheime Leben der Bäume* davon, wie intensiv sich diese untereinander austauschen, ihre Nachkommen fördern und schützen und ihr Zusammenleben in vielfältiger Weise organisieren. Immer wieder hört man von Untersuchungen, die belegen, dass Pflanzen klassische Musik mögen und besser wachsen, wenn man sich ihnen freundlich zuwendet.

Was soll daran seelenlos sein?

Das kluge Zusammenspiel der Elemente

Selbst die sogenannte unbelebte Natur verhält sich intelligent. Es ist alles nur eine Sache der Betrachtung. Wie die Atome der verschiedenen Elemente sich miteinander verbinden oder abstoßen, ist genial. Substanzen reagieren so unvorhersehbar und vielfältig miteinander, dass wir immer noch dabei sind, dies zu enträtseln.

Apropos Atome: Das Wort stammt aus dem Griechischen und bedeutet unteilbar. Tatsächlich hielten WissenschaftlerInnen sie lange Zeit für die kleinsten, nicht weiter zerlegbaren Einheiten eines Elements, für die Grundteilchen der Materie. Diese Theorie galt als das Nonplusultra der Physik. Mittlerweile ist diese Ansicht veraltet. Immer mehr Subpartikel wurden entdeckt, aus denen sich die Atome zusammensetzen. Während ein Atom mithilfe von Bildern, Tennisbällen und Draht noch darstellbar war, so sind die neuesten Bilder der kleinsten Materiestrukturen leer. Es handelt sich um reine Energie, die sich unter bestimmten Bedingungen zu Materie organisiert.

Die Wechselbeziehung zwischen Energie und Materie hat als

einer der Ersten Albert Einstein erkannt. Ins allgemeine Bewusstsein sind diese umwälzenden Einsichten noch nicht gedrungen. Worauf wir nicht klopfen können, halten wir im Prinzip immer noch für nicht existent. Das Ego hält geistige oder spirituelle Kategorien für Quatsch.

Selbst die PsychologInnen (von griechisch »psyche« für Seele) tun mehrheitlich alles, um die Existenz von geistigen oder gar transzendenten Phänomenen, die sie nicht erklären können, zu leugnen. Sie beschäftigen sich lieber mit Statistik. Rechnen gilt als wissenschaftlich.

Wie reagieren nun die kleinsten bekannten Teilchen der »unteilbaren« Atome auf »äußere« Reize, zum Beispiel auf die Beobachtung durch Wissenschaftler? Schwer zu sagen. Gibt es auf dieser Ebene überhaupt noch ein »innen« und »außen«? Was sich leicht feststellen lässt, ist jedenfalls, dass eine Reihe der berühmtesten Atomphysiker Aussagen machten, die sich von denen der religiösen Mystiker nicht mehr unterscheiden.

Chaos-Forscher (Anmerkung: Sind wir das nicht alle?) sagen, dass ein Merkmal der Unordnung die Selbstorganisation ist. Das Durcheinander ist halb so planlos, wie es scheint. Ein schönes Beispiel für Selbstorganisation in kreativen, chaotischen, sozialen Systemen schildert John Briggs in seinem Buch *Seven Life Lessons of Chaos*. Wenn im Stamm der Ojibway-Indianer in Nordamerika der kommunale Versammlungsraum ein neues Dach benötigt, setzt niemand ein Komitee ein. Es wird auch kein Projektleiter ernannt. Nichts passiert, bis eines Tages jemand anfängt, die Dachschindeln zu erneuern. Ein anderer kommt vorbei und sieht es. Er holt sich einen Hammer und macht mit. Bis zum Nachmittag arbeitet eine ganze Mannschaft am Dach. Andere bringen Essen und Getränke. Binnen drei Tagen ist die ganze Angelegenheit erledigt.

Wir verstehen das vielleicht nicht. Aber wir begreifen auch nicht, nach welchen Gesetzen sich andere Systeme organisieren. Was versetzt Berge? Wie regelt sich die Aktivität von Vulkanen?

Bekanntlich sucht sich Wasser immer einen Weg. Aber welchen? Was bewegt die Luft? Wie entwickelt sich Feuer? Auf welchen Bahnen bewegen sich Meteoriten?

Die Entwicklung komplexer Systeme ist nicht vorhersehbar. Im Nachhinein lässt sich manches leichter erklären. Im Augenblick des Geschehens wirkt es chaotisch. Und doch sind organisierende Prinzipien am Werk. Ich würde nicht zögern, sie als intelligent zu bezeichnen.

Dein genialer Körper

Unser Körper ist ein wohlkonstruiertes Meisterwerk. Stell dir vor, du müsstest deine Herzfunktion in Gang halten und darauf achten, zu atmen. Du müsstest dafür sorgen, dass Leber und Niere ordnungsgemäß funktionieren, um alle Stoffe aus deinem Körper zu befördern, die dir nicht guttun. Das wäre ein äußerst verantwortungsvoller Job und wahnsinnig anstrengend. Du würdest geradezu übermenschliche Fähigkeiten benötigen. Denn kaum wärest du einmal mit etwas anderem beschäftigt und dadurch abgelenkt, fielest du über kurz oder lang tot um: Atemnot, Herzstillstand oder Vergiftung.

Ist es nicht wunderbar, dass wir uns um all diese lebenswichtigen Vorgänge nicht zu kümmern brauchen?

Es ginge uns sonst ähnlich wie einem Tausendfüßler, der in dem Moment, in dem er seine Vielfüßigkeit begreifen würde, nicht mehr in der Lage wäre, sich fortzubewegen. Ständig fiele er über einige seiner vielen Füße.

> Wir haben einen genialen Körper, auch wenn wir diese Tatsache viel zu selten wertschätzen. Oft bemängeln wir an uns vermeintliche Schönheitsfehler, statt uns darüber zu freuen, was alles klappt.

Kaum haben wir uns beispielsweise in den Finger geschnitten, läuft bereits das vollautomatische Reparaturprogramm an. Die Wunde wird durch den Blutfluss gesäubert. Anschließend bilden sich nach und nach neue Zellen. Wenn wir die Wunde nicht verunreinigen, heilt sie in den meisten Fällen problemlos ab. Vielleicht entsteht eine Narbe. Doch die Wunde schließt sich und die Haut ist wieder intakt. Nur wenn man diesen natürlichen Heilungsprozess stört, gibt es Probleme. Du kennst das wahrscheinlich. Man kratzt an einer Verletzung herum, pult gar den Schorf ab, um zu sehen, ob darunter schon alles in Ordnung ist. Dabei stören gerade diese Ungeduld und der Drang, etwas tun zu wollen, die bestmöglichen, natürlichen Abläufe.

Auf der psychischen Ebene ist es ebenso. Immer wieder in alten Wunden zu wühlen und sich unselige Erlebnisse ins Gedächtnis zu rufen, verhindert den natürlichen Heilungsprozess, statt ihn zu unterstützen. Niemand, der klug ist, tut so etwas.

Alles ist so organisiert, dass wir jederzeit bestmögliche Überlebenschancen haben.

Menschen werden bei unerträglichen Schmerzen ohnmächtig. Sie verlieren kurzfristig das Bewusstsein, damit ihr Körper ungestört alles regeln kann, um das System wiederherzustellen. Ist dies geschehen, kommt man wieder zu sich.

Wenn Körper und Geist Ruhe benötigen, wird man müde. Besonders Kinder schlafen sogar im Stehen ein. Erwachsene dagegen kämpfen gegen die Bedürfnisse des Körpers und halten sich mühsam wach, indem sie eine Kanne Kaffee trinken oder die entsprechenden Pillen einwerfen. Dabei will ihr Organismus ihnen nur das zukommen lassen, was am besten für sie wäre: erholsamer Schlaf.

Auch Krankheiten dienen der Reorganisation des Körpers. Sie wollen ihn nicht zerstören, sondern dafür sorgen, dass wir mehr für unser Wohlbefinden tun. Das fängt bei der schweren Erkältung an, die uns zu einigen Tagen Ruhe zwingt, die wir uns ohne sie nicht gegönnt hätten. Es geht weiter mit ständigen Infekten, die uns signalisieren, dass unser Lebensstil nicht im Einklang mit unseren Bedürfnissen steht. Es ist sehr spannend, herauszufinden, was welche körperliche Störung uns sagen will.

Der von mir sehr geschätzte Psychologe Lawrence LeShan hat Krebs als einen Wendepunkt im Leben seiner PatientInnen angesehen. Durch Gespräche mit ihnen stellte sich heraus, dass 20 Prozent entschlossen waren zu sterben. Ihnen standen ebenfalls etwa 20 Prozent gegenüber, die unbedingt um ihr Leben kämpfen wollten. Die große Mehrheit war noch unentschieden. Normalerweise geht man davon aus, dass jeder Krebspatient leben möchte. Aber das ist nicht der Fall. Relativ viele verzweifeln an ihrem Leben. Sie sehen den Tod als Erlösung an. Nur ein Wendepunkt kann ihnen noch helfen.

Genau den zu finden, dabei hat LeShan seine PatientInnen unterstützt. Seine Frage war: »Wie müsste Ihr Leben aussehen, damit Ihr Herz vor Freude hüpft?« Sobald sie darauf eine Antwort hatten, half er ihnen, dieses wunderbare Leben Wirklichkeit werden zu lassen.

Für manche kam die Hilfe zu spät. Die Krankheit war zu weit fortgeschritten. Doch etliche der von ihm Behandelten wurden wieder gesund, obwohl die Ärzte sie schon aufgegeben hatten. Anderen gelang es, die ihnen verbliebene Lebenszeit deutlich zu verbessern.

Wenn wir unseren Körper als Freund und nicht als Gegenspieler begreifen, eröffnet uns das ungeahnte Möglichkeiten.

Das geistreiche Gehirn

Angenommen, eine höhere Intelligenz hätte uns geschaffen und sich zu Beginn überlegt, mit was für einem Gehirn sie uns ausstatten und wie die Entwicklung zum Menschen sich abspielen soll. Sie entschied sich als Erstes für ein Reptiliengehirn, das den Herzschlag, die Atmung, die Nahrungsaufnahme, die Verdauung und die Fortpflanzung regelte. Die ersten Geschöpfe hatten mit Menschen noch wenig gemein. Als Krokodile lagen wir träge im Schlamm und schnappten hin und wieder nach Beute. Einige von uns huschten auch die Stämme mächtiger Bäumen empor und konnten mit ihren langen Zungen Insekten fangen. Wir jagten, paarten uns und dämmerten ansonsten vor uns hin. Keine besonderen Vorkommnisse, keine Emotionen. Es war ein bisschen langweilig, uns bei unserem Dasein zuzusehen.

Da beschloss die höhere Existenz, ein wenig mehr Leben in die Bude zu bringen und gab uns zusätzlich ein Affenhirn. Jetzt ging es ganz schön ab, denn wir stellten eine Menge Sinn und Unsinn an. Wir organisierten uns in Gruppen, führten heftige Rangkämpfe, machten aber auch Späße und lausten uns gegenseitig das Fell. In größeren Verbänden gingen wir auf die Jagd und bekämpften andere Horden. Die Männchen versuchten mit allerlei Tricks, die Weibchen zu beeindrucken, während diese sich zwar unbeteiligt gaben, aber bereits ein Auge auf den ranghöchsten Affen geworfen hatten.

Nicht schlecht, befand die höhere Existenz, aber noch interessanter könnte es werden, wenn die Wesen, die sich dort auf der Erde tummeln, ihr, der höheren Existenz, ähnlicher würden. So kamen wir zu unserem Großhirn. Mal sehen, ob die neuen Wesen damit umgehen können, dachte die höhere Existenz.

Es geschah etwas Außerordentliches:
Wir wurden uns unseres Daseins bewusst.
Wir dachten über uns selbst,

die anderen Menschen,
unsere Entwicklung und den Sinn
des Lebens nach.

Auf einmal schlugen wir niemandem mehr einfach so auf den Kopf, sondern begannen zwischen Gut und Böse zu unterscheiden. Wir stellten verrückte Überlegungen an, um unsere oft abscheulichen Handlungen irgendwie zu rechtfertigen.
Erste Mythen entstanden, um zu erklären, was da passiert war. Es ist die Geschichte von Adam und Eva, die vom Baum der Erkenntnis aßen. Plötzlich war die ursprüngliche Naivität verschwunden, gleichzeitig aber auch die natürliche Verbindung zur universellen Intelligenz. Die Menschen waren nicht mehr ihren Instinkten unterworfen wie Tiere, sondern entdeckten, dass sie frei waren und eine Wahl hatten. Sie konnten so, aber auch ganz anders handeln. Sie merkten, wie schwer Verantwortung wiegt.
Sie begriffen, dass sie neben ihrem Körper auch einen Geist und eine Seele besaßen. Das war eine völlig neue Erfahrung. Es war spannend, mit einem geistreichen Gehirn zu leben, das sich selbst beobachten konnte. Es ließ sich so unglaublich viel damit anfangen.
Dennoch gab es regelmäßig Rückfälle in vergangen geglaubte Zeiten, und Menschen benahmen sich wieder wie Affen oder gar Krokodile. Doch der Anfang war gemacht. Einige Menschen fanden, dass früher, ohne Bewusstsein und Verantwortung, alles besser und einfacher gewesen war. Doch die Entwicklung war nicht mehr aufzuhalten. Und sie ist immer noch im Gang. Der Weg vom Einzeller über den Affen zum Menschen ist lang. Wir sind noch nicht am Ziel angekommen.

Alles ist intelligent, auch wenn es dir nicht immer so vorkommt

Die uns innewohnende Intelligenz kann man auch als Geist, Weisheit, als Lebensenergie oder universelle Kraft bezeichnen. Sie erscheint in vielen Formen und trägt viele Namen. Sie ist das, was über uns hinausweist, größer ist als wir und uns sowohl mit anderen Lebewesen als auch mit dem Universum verbindet.

Bei nicht wenigen scheint diese Kraft jedoch in Vergessenheit geraten zu sein. Wahrscheinlich kennst auch du etliche Menschen, die ausschließlich das für existent halten, was sie anfassen können. Alles andere ist für sie Hokuspokus oder esoterischer Quatsch. Sie halten sich für besonders klug, weil sie alles ausblenden, was nicht in ihr enges, einseitig materielles Weltbild passt.

> Jeder hat die innere Weisheit bereits erlebt. Sie ist das unbestimmte Gefühl, die Ahnung, was gut für einen ist, aber auch die Gewissheit, der weisen, inneren Stimme folgen zu müssen, wenn das Leben gelingen soll. Sie ist das Vertrauen, dass alles gut wird, egal wie chaotisch es zwischendurch aussehen mag, und die tiefe Verbundenheit, die wir mit anderen Lebewesen und allem, was uns umgibt, spüren.

Hast du schon mal die Erfahrung gemacht, dass gerade ein Ereignis, das du gerne verhindert hättest, dich letztlich genau dahin geführt hat, wo du hin wolltest?

Kennst du die Situation, wo du zu jemandem, den du gerade erst kennengelernt hast, eine Nähe spürst, als wäret ihr schon lange vertraut miteinander?

Hast du schon Träume gehabt, die dir wichtige Botschaften überbrachten?

Sind dir schon »Zufälle« passiert, die so verrückt sind, dass sie nicht so zufällig gewesen sein können?

Solche Erfahrungen zeigen, dass es viel mehr gibt als das, was wir rational beschreiben und erklären können. Die innere Weisheit führt uns in eine Zukunft, die unser Ego erst in der Rückschau halbwegs verstehen kann.

Warum erzähle ich dir das alles?

Damit du erkennst, dass du in einer Welt lebst, in der alles klug ineinandergreift und perfekt geregelt ist. Wir können vertrauen, und wir dürfen uns leiten lassen, nicht von selbsternannten Führern, sondern von unserer inneren Intelligenz.

Was daraus folgt

Wähle Gedanken und Gefühle, die deiner wahren Natur entsprechen

Mit unseren Gedanken steuern wir unser Leben. Unsere Emotionen sind ein wichtiger Wegweiser. Aber sie sind nicht alles. Wir sind mehr als unsere Gedanken und mehr als unsere Ängste, Enttäuschungen und Wutausbrüche. Gedanken und Gefühle ändern sich ständig. Es wäre deshalb sinnlos, alles, was einem durch den Kopf geht, oder jede Empfindung, die man im Körper spürt, ernst zu nehmen. Man kann völlig verrückte Ideen haben, ohne komplett durchgeknallt zu sein. Man kann heftige Emotionen erleben, ohne panisch, depressiv oder böse zu werden. Das alles sind nur Möglichkeiten, die in uns allen aufscheinen. Wir müssen sie weder ausagieren, noch beschreiben sie uns in unserer Gesamtheit. Es kann ungeheuer befreiend sein zu erkennen, dass man Gedanken und Gefühle hat, aber mehr ist als diese. Man kann sie beobachten und vorüberziehen lassen. Diese Freiheit besteht, auch wenn wir sie nicht immer nutzen.

Mit einem Gedanken ist es so ähnlich wie mit einem Kleidungsstück. Aus einer Laune heraus probiert man eine glitzernde Lederjacke mit Pailletten an, betrachtet sich im Spiegel und ruft, vor Lachen geschüttelt: »Was soll das denn? Das bin ich nicht!«

Ebenso wie man diese Jacke wieder auszieht und sich für ein anderes Teil entscheidet, ist ein Gedanke nur eine Möglichkeit unter unzähligen anderen. Man kann ihn anprobieren, ein wenig damit herumlaufen und ihn wieder weghängen. Übrigens braucht man sich auch nicht jede Jacke (jede Idee) anzuziehen, die einem hingehalten wird. Es wäre Zeitverschwendung, in Grübeleien zu verfallen, warum man auf eine bestimmte Idee gekommen ist. Einfälle kommen und gehen. Einige lässt man vorbeirauschen und vergisst sie wieder, andere gefallen einem. Man beschäftigt sich länger mit ihnen und setzt sie vielleicht sogar in die Tat um. Stellen sich die Überlegungen als falsch heraus, gibt man sie auf.

Auch bei Gefühlen stellt man fest, dass sie unbeständig sind. Gerade noch hat man sich über irgendetwas geärgert, doch im nächsten Moment freut man sich über ein Ereignis. Oder umgekehrt. Das kann im Minutentakt geschehen. Sich mit jedem Gefühl zu beschäftigen, wäre Energieverschwendung. Es wäre so, als würde man sich für eine Wolke am Himmel halten, während man in Wirklichkeit der Himmel selbst ist, über den Tag für Tag unzählige Wolken ziehen.

Weisheit ist deine innere Natur. Lerne zu unterscheiden zwischen Gedanken, die dein Ego favorisiert, und Ideen, die deine Entwicklung, deine Vitalität und dein Glück fördern. Gedanken und Gefühle, die dir Kraft rauben, widersprechen deiner wahren Natur. Achte auf alles, was dir Energie gibt.

Deine Verbindung zur unendlichen Intelligenz

Kennst du das? Du hast ein Problem und weißt keine Lösung. Deine Gedanken drehen sich im Kreis. Dann auf einmal, während du unter der Dusche stehst, einen Spaziergang machst oder ein wenig auf dem Sofa döst, ist die Sache plötzlich sonnenklar. Auf einmal siehst du es vor dir. Das ist es. So und nicht anders wirst du das machen. Dass du da nicht schon vorher drauf gekommen bist!

Deine Verbindung zur unendlichen Intelligenz

In jedem sind verschiedene Stimmen. Nicht selten plappern sie wild durcheinander. Eine will lauter sein als die andere. Doch ist eine dabei, die ist stiller, unauffälliger, unaufdringlich. In diesem Stimmengewirr ist es nicht immer leicht, die freundliche, klare, aber leise Stimme wahrzunehmen, die dich die ganze Zeit begleitet, doch oft von den anderen übertönt wird. Genau diese Stimme ist deine Verbindung zur unendlichen Intelligenz. Sie war schon da, als du geboren wurdest, und sie wird dich niemals verlassen. Alles, was du zu tun brauchst, ist ihr zuzuhören und ihr zu folgen.

Diese Stimme spricht nicht immer in Worten zu dir. Manchmal zeigt die innere Weisheit dir Bilder, lässt dich Signale spüren oder Töne hören. Wenn du ihr lauschst beziehungsweise dich ihr zuwendest, wird sie deutlicher. Wenn du ihr Fragen stellst, antwortet sie, allerdings nicht immer so, wie du es erwartet hast. Manchmal dauert es, bis sich die Antwort einstellt.

Es ist die unendliche, höhere Intelligenz,
aus der ständig frische Gedanken fließen.

Das sind keine abgestandenen Vorurteile oder irgendwo aufgeschnappte Statements, sondern Ideen, die man nicht so ohne Weiteres hat. Denn sie unterscheiden sich so sehr von dem, was man sonst kennt.

Diese Quelle ist ergiebig. Sie versiegt nie. Lass sie sprudeln. Versuch nicht, sie am Fließen zu hindern oder den Strom festzuhalten.

Manchmal meldet sich die innere Weisheit auch dadurch, dass man ein erhofftes Ziel nicht erreicht. Wenn es nicht zu deinem Besten ist, wirst du es nicht bekommen. Du kannst die Bedeutung der Misserfolge durch Fragen klären: Was erkenne ich nicht, obwohl es offensichtlich ist? Was habe ich nicht bedacht oder nicht bemerkt? Was will die höhere Intelligenz mir mitteilen? Was ist am besten für mich? Wie sieht der nächste Schritt aus?

Lass dir etwas einfallen

Je offener und stiller du wirst, desto mehr kann dir einfallen. Bemerke die Bedeutung der Worte »Einfall« und »Zufall«. Wo kein Platz mehr ist zwischen all den hektischen, tagtäglichen Erledigungen und den ständigen inneren und äußeren Kommentaren, Bewertungen und Dialogen, fehlt der Raum für Neues. Es ist wie mit einem übervollen Kleiderschrank oder einer zugemüllten Garage. Man sieht nicht, was da ist, was brauchbar wäre oder was fehlt. Es ist nur ein riesengroßes Durcheinander und ein komplettes Chaos. Die Dinge, die gut und nützlich sind, werden überlagert von Gerümpel.

Was wachsen soll, braucht Raum, um sich zu entfalten.

Viele glauben, sie müssten sich bis zur Erschöpfung anstrengen, damit sie die notwendigen Aufgaben erledigt bekommen. Dabei ist genau das Gegenteil richtig. Es fängt bereits bei der Frage an: Was ist überhaupt wichtig und was nicht? Nur wenn man sich für die Antwort Zeit und Offenheit zugesteht, die Freiheit, neue Wege einzuschlagen und Möglichkeiten zu erkennen, und absolut ehrlich zu sich ist, kann man die passende Antwort finden.

Alles andere ist nur blinder Aktionismus, also eine Fülle hektischer Aktivitäten, die oft keine größere Bedeutung haben. Beim Großen Preis von Monaco rasen Rennfahrer mit hoher Geschwindigkeit 78 Runden lang immer im Kreis herum. Zum Schluss kommen sie da an, wo sie gestartet sind. Es ist ein perfektes Sinnbild unserer Zeit.

Auch bei der Erfüllung von wichtigen Aufgaben tut es nicht gut, wenn man sich abrackert. Kreativität ist gefragt. Sie entsteht aus Muße und Freiraum. Nur wo die Gedanken schweifen dürfen, können sich neue, wegweisende Ideen entwickeln. Und die haben wir dringend nötig.

Wer genug Platz in seinem Bewusstsein lässt, damit etwas Neues, Hilfreiches einfallen kann, spart sich viele Umwege. Es gilt, die Eingebungen aufzugreifen, die sich einstellen. Wie bei meiner Mathe-Prüfung im Abi, von der ich dir jetzt berichten will.

Ideen, die aus dem Nichts auftauchen

Mathematik war nicht mein Lieblingsfach in der Schule. Aber grundsätzlich löste ich gerne Probleme, egal ob Kreuzwort- oder Zahlenrätsel.

Vor der Abiprüfung hatte unsere Mathelehrerin monatelang mit uns geübt. Sie wusste nicht, welche Aufgaben das Schulamt auswählen würde, aber sie kannte die Probleme, die darin vorkommen würden.

Als ich den Umschlag mit den Aufgaben am Prüfungstag öffnete, war die Spannung natürlich groß. Nach einigen Minuten war mir in Grundzügen klar, worum es ging. Bis auf eine ähnelten die Aufgaben denen, mit denen wir uns lange beschäftigt hatten. Der Rest war also ein bisschen Tüfteln, Rechnen und dann die Darstellung der Lösung. Das ging relativ schnell. Nach drei von fünf Zeitstunden war ich damit fertig. Ich konnte mich entspannen, weil mit den vorliegenden Ergebnissen bereits eine Note im oberen Bereich zu erwarten war. Meine Lösungsschritte hatte ich ein paarmal durchgerechnet und überprüft. Alles passte. Ich war mir sicher, dass die Resultate stimmten.

Aber da war noch diese letzte Aufgabe. Alle Zugänge zu einer Lösung blieben mir verschlossen, egal wie ich sie anging. Es gab eine Hürde, die mit den mir bekannten Mitteln unüberwindbar war. Die Lösung ließ sich nicht wie sonst irgendwie herleiten. Nicht einmal den Ansatz einer Antwort konnte ich finden. Es war ein Aufgabentyp, der mir fremd war. Ich stand wie der Ochs vorm Berg.

Ich schaute aus dem Fenster. Ab und zu zurück aufs Rechenblatt.

Entspannen, etwas essen. Die Minuten vergingen. Eine weitere Stunde war inzwischen um. Und dann, ohne jede Ankündigung, tauchte plötzlich aus dem Nichts der Schritt auf, der die Lösung ermöglichte. Der Sprung, der nötig war, um rechnen und kombinieren zu können.

Mehrfach überprüfte ich den Lösungsweg. Es gab tatsächlich gleich zu Beginn eine Lücke, die durch Nachdenken nicht zu überwinden war. Vorher und nachher konnte man rechnen. Aber an dieser Stelle brauchte man einen Einfall. Nichts anderes konnte einem sonst helfen.

Ich weiß nicht mehr, worum es bei der Aufgabe genau ging. Aber die Struktur des Problems sowie der Lösung ist mir noch gegenwärtig: wenige Schritte bis zu einem Tor, das den Weg blockierte; nachdem der Schlüssel gefunden war, ein relativ kurzer Weg bis ans Ziel. Alles drehte sich um einen einzigen Punkt. Mit ihm fiel oder stand der Erfolg.

Ich führe den entscheidenden Einfall auf die innere Weisheit zurück. Sie hat mir die Antwort zukommen lassen. So ging es mir öfter in Mathe und auch in anderen Fächern. Über diesen intuitiven Prozess habe ich ausführlicher in meinem Buch »Intuitiv leben« geschrieben. Deshalb möchte ich die Einzelheiten hier nicht wiederholen.

Ich halte Geistesblitze dieser Art für normal. Ich glaube, dass jeder diese innere Weisheit besitzt, die alle Lösungen kennt. Sie ist nichts Besonderes und gleichzeitig ein Wunder. Man kann sie täglich nutzen oder nur in besonderen Momenten wie einer Matheprüfung.

Folge deinem Glück

Immer, wenn wir uns schlecht fühlen,
ist ein Gedanke dafür verantwortlich.

Ich weiß, das ist eine provokante Behauptung. Denn die meisten Menschen sind fest davon überzeugt, die äußeren Umstände würden ihr Unglück hervorrufen. Aber du bist inzwischen weiter und hast dich hoffentlich davon überzeugt, dass niemand dich daran hindern kann, zufrieden zu sein, wenn du dich nicht davon abhalten lässt. Es spricht viel dafür, dass alles im Leben darauf abzielt, zu begreifen, dass wir allein die Macht besitzen, uns glücklich, aber auch unglücklich zu machen. Es kommt darauf an, das Glück nicht an Stellen zu suchen, wo es nicht zu finden ist.

Wer das begreift und lebt, ist sowohl weise als auch glücklich. Das eine ist ohne das andere nicht möglich. Und das Allerbeste dabei ist, dass wir uns diesen Zustand nicht mühsam erarbeiten müssen, sondern dass er unserer wahren Natur entspricht.

Unsere wahre Natur ist ein Leben voller Freude und Energie. Das ist unser Normalzustand. In der Kindheit ist das bei den allermeisten noch der Fall. Du brauchst nur auf einen Spielplatz zu gehen oder an einen anderen Ort, wo viele Kinder zusammenkommen. Bis zum Alter von etwa 12 Jahren ist die Stimmung grundsätzlich fröhlich und ausgelassen. Kleine Kinder sind neugierig und erwarten grundsätzlich, dass etwas Erfreuliches passiert. Nicht einmal Krieg oder Armut können sie davon abhalten. Ich erinnere einen Bericht über das Leben in Syrien während des jüngsten Krieges. Obwohl jederzeit mit Raketenangriffen zu rechnen war, tobten die Kleinsten in einem Schwimmbad wie überall sonst auf der Welt. Heißt das, dass Kriege halb so schlimm sind? Keineswegs! Wir müssen alles tun, um den ersten Weltfrieden herbeizuführen. Trotzdem bleiben Glück und Weisheit unter allen Umständen unsere wahre Natur.

Ich sprach bereits über Krankheiten. Sie wollen uns weder quälen noch töten. Grundsätzlich könnten die allermeisten Menschen gesund und munter in der Gemeinschaft ihrer FreundInnen in hohem Alter sanft sterben. In einigen Gemeinden auf der Welt ist das bereits so.

Jeder Zustand jenseits des Glücks versucht, uns wachzurütteln und zur wahren Natur zurückzuführen. Krankheiten in der Kindheit trainieren unser Immunsystem. Später treten sie vor allem auf, wenn wir gestresst sind. Immer mehr setzt sich die Erkenntnis durch, dass Stress Krankheiten auslöst oder verschlimmert. Epidemien treten regelmäßig nach Kriegen auf, wenn die Menschen erschöpft sind.

Stress ist das Gegenteil von Glück. Deshalb braucht man im Prinzip nicht mehr zu tun, als sich aufs Glücklichsein zuzubewegen. Zu tun, was unser Herz vor Begeisterung hüpfen lässt, was uns wohltut und unseren Kopf frei und klar macht, ist der beste Schutz gegen Stress, Krankheiten und Leid. Was tun Menschen nicht alles, um sich unglücklich zu machen? Doch unsere innere Weisheit und unser Streben nach Glück sind stärker.

Warum empfinden wir überhaupt Unglück und Schmerz? Wäre beides unser Normalzustand, gäbe es keinen Widerstand dagegen. Aber da wir wissen und fühlen, dass wir glücklich und gesund sein können, bereitet uns die Trennung von unserer wahren Natur großes Leid.

Es mag eine Weile dauern, bis man sich aus dem, was einen krank und unglücklich macht, herauslöst. Die Erkenntnis der drei Prinzipien ist zwar in Sekunden möglich, doch auf der materiellen Ebene dauern auch Wunder etwas länger. Aber es ist möglich und lohnt sich, egal in welchem Alter man ist.

Dem Glück zu folgen, bedeutet, alles, was unseren natürlichen Zustand behindert, loszulassen, damit sich das pure Wohlbefinden endlich in uns entfalten kann.

Woran du merkst, ob du auf dem richtigen Weg bist

Wie lässt sich nun erkennen, ob man mit seiner inneren Weisheit verbunden ist oder kurz davor steht, anderen Impulsen zu folgen, die einen in die falsche Richtung lotsen würden? Welche Stimme spricht?

Das kannst du ganz einfach herausfinden. Deine innere Weisheit redet mit eher leiser und freundlicher Stimme. Du kannst sie so deutlich von der Stimme der Gier unterscheiden, die bei allem kreischt: »Das muss ich unbedingt haben. Wenn ich das nicht bekomme, kann ich nie wieder glücklich sein.« Aber auch die Stimme der Depression klingt völlig anders. »Das hat doch alles keinen Zweck. Daraus wird nie etwas«, sagt diese mit müdem, schleppendem Ton. Auch die Angst klingt anders: »Das ist furchtbar gefährlich! Du wirst dich entsetzlich blamieren«, dramatisiert sie die harmlosesten Auftritte.

Auf den unverwechselbaren Unterschied zwischen den verschiedenen Stimmen hat Sydney Banks hingewiesen: »Die Antwort liegt im Gefühl.« Mit anderen Worten: Wenn du dich gut fühlst, spricht deine innere Weisheit. Denn deine Gefühle sind dein Kompass. Sie zeigen dir, ob du entsprechend deiner Weisheit denkst und handelst oder nicht. Fühlt man sich schlecht, ist das ein deutliches Zeichen dafür, dass man gerade keinen Kontakt zur höheren Intelligenz hat. In so einem Fall ist das Urteilsvermögen getrübt. Aus einer trüben Stimmung heraus kann keine gute Entscheidung erwachsen.

Wer gierig, verängstigt, zornig oder niedergeschlagen ist, entwickelt den typischen Tunnelblick. Bei Angst sieht man nur noch Bedrohliches und will wegrennen. Zorn versetzt einen in den Kampfmodus. Man sieht überall Feinde, die man meint, abwehren zu müssen. Bei Traurigkeit möchte man sich am liebsten unter der Bettdecke zusammenrollen. Wie soll man auf diese Weise ins Offene gelangen? Und die Gier behauptet ständig, irgendetwas würde fehlen. Sie ist nie zufrieden, will immer mehr.

Falls wirklich mal etwas gefährlich ist, wird dir die innere Stimme sagen, was zu tun ist, während der Verstand dir vielleicht einreden will, die Gefahr gar nicht ernst zu nehmen. In solchen Situationen wirst du dich natürlich nicht wohlfühlen; denn da ist die Flucht-Kampf-Reaktion ausnahmsweise mal richtig am Platz. Du sollst dich wehren oder weglaufen. Aber die innere Weisheit wird dir nicht unnötig die Hölle heiß machen, sondern dir eine Lösung zeigen. Die fühlt sich dann wiederum trotz der brenzligen Situation gut an.

Die Weite und Offenheit, die erforderlich ist, damit du den für dich passenden Weg einschlagen kannst, spürst du ganz deutlich im Inneren. Wenn deine Herzregion sich weit anfühlt, dein Bauch entspannt ist und dein Atem frei fließt, kannst du den Informationen aus deinem Inneren vertrauen. Deine Körperempfindungen signalisieren dir unverkennbar, ob die Verbindung zu deiner Weisheit gerade stabil ist. Ist das nicht wunderbar?

Jeder Mensch hat unterschiedliche Wege entwickelt, für die innere Weisheit empfänglich zu sein. Die eine meditiert eine Viertelstunde, der andere macht einen Spaziergang im nahe gelegenen Park oder im Wald. Wieder andere nehmen eine Dusche, backen Heidelbeer-Muffins oder hören ihre Lieblingsmusik. Probier aus, wie du am besten in einen entspannten Zustand kommst und den Kontakt zu deiner Weisheit herstellst. Je öfter du diese Verbindung aufbaust, desto leichter und natürlicher gelingt sie dir, überall und in jeder Situation. Das Gute ist ja: Sie ist immer da. Du brauchst sie nur wahrzunehmen.

Glück, Gelassenheit und Liebe entfalten sich mühelos

Sich anzustrengen, um glücklich zu sein, kann nicht funktionieren. Dabei wird uns fast durchgängig etwas anderes erzählt. »Ohne Fleiß kein Preis«, »Der frühe Vogel fängt den Wurm« oder »Erfolg besteht zu einem Prozent aus Inspiration und zu 99 Prozent aus Transpiration«, das sind die Mantras unserer Gesellschaft.

Es gibt einen großen Unterschied zwischen Glück und Erfolg, jedenfalls dem Erfolg, wie er üblicherweise definiert wird. Die allermeisten Menschen setzen Geld und Wohlbefinden gleich und übersehen dabei all die Mitmenschen, die reich und verzweifelt sind oder finanziell bescheiden und gleichzeitig zufrieden leben. Wirklich erfolgreich ist man nur, wenn man glücklich ist, egal was sonst im Leben passiert: ob man alle seine Ziele erreicht oder nicht.

Die Jagd nach dem Glück ist aussichtslos. Je mehr man ihm hinterherrennt, desto geringer ist die Wahrscheinlichkeit, es zu erreichen. Glück fängt man nicht. Es ist nicht irgendwo da draußen, sondern bereits in uns. Mag sein, dass du den Eindruck hast, das Glück in dir sei ein seltener Gast. Macht nichts, denn es kann dein ständiger Begleiter werden, wenn du all die anderen Kameraden wegschickst, die das Glück aus der vorderen Reihe verdrängen. Mehr braucht es nicht.

Genauso verhält es sich mit der von vielen Menschen ersehnten Gelassenheit. Niemand kann diese erreichen, indem er denkt: »Verdammt noch mal, ich will endlich gelassener werden!« Wie der Name schon sagt, geht es um lassen und nicht um zwingen. »Es ist nicht perfekt, aber ich lass das jetzt so!« Wer so denkt, kommt der Gelassenheit einen ganzen Schritt näher. Entspannung ist dein natürlicher Zustand. Für alles andere musst du dich anstrengen.

Auch Liebe entfaltet sich mühelos oder gar nicht. Der Dichter Rainer Maria Rilke hat in seinem Roman *Die Aufzeichnungen des Malte Laurids Brigge* die Zeile geschrieben: »Er war jetzt sehr schwer zu lieben«. Sie bezieht sich auf einen Mann, der alle in seiner Umgebung durch mürrisches und aufbrausendes Verhalten vergrault hatte.

Viele Paare – oder sind es vor allem die Frauen? – sind davon überzeugt, an ihrer Beziehung »arbeiten« zu müssen. Klingt anstrengend. Ich habe noch niemanden getroffen, der zu mir gesagt hat: »20 Jahre haben wir an unserer Beziehung gearbeitet, aber dann hatten wir es geschafft.« Wie lange muss man denn so im Schnitt an einer Beziehung herumwerkeln, bis sie so ist, wie man sich das wünscht? Oder nach 30 Jahren die Frage: »Seid ihr glücklich miteinander?« – »Nein, aber wir arbeiten noch dran.«

Sicherlich gibt es in jeder Partnerschaft Momente, wo es darum geht, zu lernen und Kompromisse zu schließen. Man ist nicht in jeder Sekunde so verliebt wie am ersten Tag. Ein Paar besteht nun einmal aus zwei Individuen, die unterschiedliche Bedürfnisse haben. Aber am gemeinsamen Glück arbeiten? Ich wüsste nicht, wie das gehen soll.

Wer glaubt, Liebe könne sich entwickeln, wenn man sich nur genug quält, hat das Wesen dieser schönsten Hauptsache der Welt noch nicht verstanden. Liebe und Freiheit gehören eng zusammen. Jedes Muss, jeder Zwang und jedes krampfhafte Bemühen lässt die Liebe verkümmern.

Wie Glück und Entspannung ist Liebe deine wahre Natur. Sie kommt zum Vorschein, sobald du alles, was die Liebe hindert, loslässt.

Je mehr du dich anstrengst, desto weniger erreichst du

Stell dir einen schönen Gebirgssee vor, bei dem du durch das klare Wasser bis auf den Grund schauen kannst. Plötzlich erscheint jemand und kippt Schlamm in diesen See. Jetzt ist das Wasser trübe, und du siehst nur noch einen morastigen Tümpel. In einer solchen Situation kommt man möglicherweise auf die Idee, den Schlamm hektisch zu entfernen. Doch wirbelt man ihn dabei nur derart auf, dass er sich noch mehr im ganzen See verteilt.

Bei Stress verhält man sich häufig ähnlich. Man hat den Kopf voller Gedanken und glaubt, sie loswerden zu müssen, statt nichts weiter zu tun, als vertrauensvoll abzuwarten, bis sich der Schlamm gesetzt hat. Man kann dabei zusehen, wie die Gedanken sich von allein beruhigen, während man nur dasitzt und nichts tut.

Viele sind so erzogen worden, dass sie glauben, sie müssten sich alles Gute im Leben erst verdienen. Erst die Arbeit, dann das Vergnügen. Mit dieser Einstellung versuchen wir glücklich zu werden und wundern uns, wenn dabei nichts anderes herauskommt, als dass wir erschöpft, frustriert und gestresst sind. Wir entfernen uns mehr und mehr von unserem eigentlichen Ziel. Am Ende sind wir so geschlaucht, kaputt und krank, dass wir das Ergebnis all unserer Bemühungen sowieso nicht mehr genießen können. Tief enttäuscht erkennen wir, dass alles umsonst war. So berichten es jedenfalls Sterbende häufig. Sie sagen, dass sie zu viel gearbeitet und sich zu wenig ihres Lebens erfreut haben.

Glücklicherweise muss man diesem traurigen Beispiel nicht nacheifern. Man kann sich von dieser unseligen Gewohnheit, das Glück erzwingen zu wollen und falschen Vorbildern zu folgen, befreien. Wir können vertrauen, dass das geschieht, was geschehen soll. So wie Körperfunktionen optimal ablaufen, wenn wir nicht dazwischenfunken, entwickelt sich auch alles andere organisch, nicht über Krampf und Zwang, sondern über Wohlbefinden und Freude. Was mit Freude verbunden ist, wächst, blüht und gedeiht.

In Interviews mit SportlerInnen findet man immer wieder die Aussage, wenn sie auf ihren Körper gehört und seine Signale beachtet hätten, wären ihnen schwere Verletzungen erspart geblieben. Sie wären keine Sportinvaliden geworden, sondern hätten sich ihre Gesundheit erhalten.

In Maßen sind Anstrengungen gesund. Sie stärken Körper und Geist. Ich will hier keinem Leben in der Hängematte das Wort reden. Menschen sind dafür geschaffen, Belastungen auszuhalten, ihre Kräfte zu messen und Herausforderungen anzunehmen. Aber das hat nichts damit zu tun, sich die Lunge aus dem Leib zu laufen, sich völlig zu erschöpfen oder sich die Bänder, die Gelenke und sogar die Knochen kaputtzumachen.

Wenn wir auf unseren Körper hören und seine Botschaften nicht mit Schmerzmitteln ausschalten, wissen wir, wann wir zu viel des Guten machen. Und zu viel des Guten ist nicht mehr gut, sondern schlecht.

Flow, also der Zustand, in dem die Dinge wie von allein zu geschehen scheinen, stellt sich ein, wenn Anspannung und Entspannung in einem idealen Gleichgewicht sind. Der Sprinter Usain Bolt hat bei seinen Läufen gezeigt, wie so etwas aussieht. Auf den ersten Metern ist es für ihn mühsam, sich voll aufzurichten. Danach aber wirken seine Rekordläufe entspannt und schwerelos. Nur seine Beine bewegen sich in höchster Geschwindigkeit.

Genauso ist es bei Lionel Messi. Wenn man ihm zuschaut, weiß man, warum Fußball ein Spiel ist. Ballbeherrschung, Tempo und Körperkoordination lassen seine Tore so selbstverständlich und mühelos erscheinen, dass man nicht versteht, warum bei so vielen anderen Fußballern Kampf und Anstrengung im Vordergrund stehen. Es ist mit Sicherheit keine Frage der Vorbereitung. Alle Spitzensportler trainieren sehr viel. Was Messi aber von den meisten anderen unterscheidet, ist seine Lockerheit. Nach einem erfolgreichen Torschuss entspannt er sich oft und lächelt, während vergleichbare Spitzenspieler wie Christiano Ronaldo häufig selbst dann noch ein ernstes, angespanntes Gesicht machen und Machogesten bevorzugen.

Es ist die wunderbare Leichtigkeit des Seins, mit der die größten Erfolge gelingen.

Schluss mit dem Krisenmanagement

Wann trifft man die besten Entscheidungen? Wenn man bereits bis zur Hüfte im unaufhaltsam steigenden Wasser steht oder wenn man entspannt am Seeufer sitzt? Wann kommen einem gute Ideen? Wenn die Hütte brennt oder wenn man den Abend auf seiner Terrasse genießt?

Die Antwort ist eindeutig: Angst frisst Hirn. Gelassenheit lässt gute Ideen sprudeln.

Wer unter Stress und Zeitdruck steht, hat wenig Spielraum. Das ist nur leider genau das, was tiefer in die Krise führt. Es ist immer wieder erstaunlich, wie wenig Menschen sich dagegen wehren. Die Warnsignale werden seit Langem überhört.

Krisenmanagement ist der Normalzustand der meisten Regierungschefs. Sie stilisieren sich gerne als Retter. Doch das Gegenteil ist der Fall: Die Menschheit taumelt von einer Krise zur nächsten. Die Folgen werden mit jedem Mal gravierender.

Das chinesische Schriftzeichen für Krise setzt sich aus Gefahr und Chance zusammen. Eine Krise ist also eine gefährliche Chance. Doch auf Dauer geht das nur gut, wenn wir endlich aus dem Krisenmanagement herauskommen und uns die Chance geben, ruhig und entspannt neue Wege zu wagen; denn die alten Bahnen führen langsam, aber sicher in den Abgrund.

Gibt es denn keine Ehrenrettung für Entscheidungen in höchster Not beziehungsweise in letzter Sekunde? Doch, die Ausnahme bilden Momente, die einem den letzten Stups geben, um endlich der inneren Weisheit zu folgen.

Das liebende Paar befindet sich am Bahnhof kurz vor Abfahrt des Zuges. Der Abschied scheint endgültig. Er ist bereits in den Wagon gestiegen, während sie, noch seine Hände haltend, zurückbleibt. Und da – Tusch – zieht er sie im letzten Augenblick in den Zug. Die Türen schließen sich, Geigen erklingen, der Zug fährt Richtung Abendsonne. Der Abspann beginnt zu laufen. Aus solchem Stoff sind Happy Ends gemacht.

Hin und wieder gibt es so etwas nicht nur im Film, sondern sogar im richtigen Leben. Man denkt: »Jetzt oder nie!« und trifft endlich, endlich die Entscheidung, die sich von Anfang an richtig anfühlte, zu der einem jedoch lange der Mut fehlte.

Inspiriert statt automatisch handeln

Die Schwester der Krise – und das mag einige überraschen – ist die Routine. Beide haben mehr gemeinsam, als es auf den ersten Blick scheint.

Routine bedeutet, dass immer dasselbe geschieht. Man handelt automatisch. Man macht, was man schon zehntausendmal gemacht hat, egal, ob das gut oder schlecht war. Man hat sich in einen Roboter verwandelt, der ohne Rücksicht auf Verluste seiner Programmierung folgt.

Kennst du diese wunderbare Szene aus dem Charlie-Chaplin-Film *Moderne Zeiten*? In einer riesigen Halle arbeitet er am Fließband, das ihm in hoher Schnelligkeit Schrauben vorlegt, die er festzudrehen hat. Nach einiger Zeit wird Charlie selbst zu einer Maschine. Er verfolgt mit seiner Zange alles, was auch nur annähernd wie eine Schraube aussieht, um daran zu drehen: Nasen, Ohren, Kleiderknöpfe.

Der Irrsinn der industriellen Produktion und des Akkords wird in einer einzigen Szene auf den Punkt (um nicht zu sagen, auf die Schraube) gebracht. Der Mensch erfindet die Maschine und macht sich dadurch selbst zu einer.

Du, ich und wir alle, können den Wahnsinn stoppen. Sobald wir den Autopiloten aus- und unsere innere Weisheit einschalten, wird alles gut. Wir wissen längst, was wir »eigentlich« tun müssten. Das »Eigentlich« verweist auf das, was unsere innere Stimme sagt.

Es lohnt sich, Gewohnheiten einmal links liegen zu lassen und hier und da – zunächst in kleinen Schritten – Neues zu wagen.

Achte auf deine Inspirationen. Wovon träumst du schon lange? Wie könntest du beginnen? Wie wäre es, einmal auf Probleme anders zu reagieren als sonst? Wie sähe eine neue Lösung aus? Wozu sagt dein Herz ja? Probiere es aus. Deiner Fantasie sind keine Grenzen gesetzt.

Niemand zwingt dich, eingespielte Routinen immer und immer wieder abzurufen. Die Frage ist: Was willst du wirklich? Die Antwort wirst du nur in der Stille finden, indem du deiner inneren, leisen Stimme lauschst.

Einladung ins Land der Möglichkeiten

Kein Guru, keine Methode, kein Trainer

Alles, was du für dein Glück brauchst, ist in dir. Du benötigst keinen Guru, der dir sagt, was dein Ziel ist und was du zu tun hast.

Wenn man ratlos ist, wünscht man sich manchmal, dass jemand vorbeikommt und einem die Lösung für das anstehende Problem nennt. Einige gehen in diesem Fall zu WahrsagerInnen. Andere schließen sich einer Sekte an, die ihnen alle Entscheidungen abnimmt.

An wen wendest du dich, wenn du ein Problem hast? Als Kind konntest du einfach zu deinen Eltern gehen oder jedenfalls zu einem Erwachsenen, dem du die Antwort zutrautest. Oft klappte das auch. Die Großen schienen allwissend und allmächtig.

Aber je älter du wurdest, desto seltener hatten sie Antworten, die dich zufriedenstellten. Immer öfter sagten sie: »Das musst du selbst wissen.«

Es selbst zu wissen, ist schwierig. Das Ego kennt deine Ziele nicht. Gib ihm eine Aufgabe und es erledigt sie im Allgemeinen gut. Aber für die großen Fragen ist es nicht zuständig.

Wo suchst du dein Glück? Glaubst du, es liegt in einer Partnerschaft? Oder im Besitz eines Traumhauses? Oder am Ende der Karriereleiter?

Es gibt kein Buch, das du nur aufzuschlagen brauchst und schon ist dir alles klar. Schön wäre es! Vielleicht existiert das Buch. Esoteriker nennen es die Akasha-Chronik, das Buch der Welt und damit auch deines Lebens. Angeblich enthält es sämtliche Informationen über die Vergangenheit, die Gegenwart und die Zukunft. Falls es diese Chronik tatsächlich gibt, nützt sie dir nichts, weil du keinen Zugang zu ihr hast.

Ich glaube nicht, dass deine Zukunft in Stein gemeißelt ist. Mit jeder Entscheidung, die du triffst, änderst du deine Zukunftsaussichten. Die kommende Zeit enthält eine Vielzahl von Möglichkeiten. Was in drei Jahren passiert, ist noch nicht festgelegt. Wenn du genauso weitermachst wie bisher, könnte man eine Wahrscheinlichkeitsprognose abgeben. Mehr würdest du auch im Buch des Lebens nicht finden.

Aber das alles brauchst du nicht. Du kennst deine Ziele. Du kennst deinen Weg. Sie sind dir nur noch nicht bewusst. Wende dich an deine innere Weisheit. Was richtig und falsch für dich ist, spürst du im Inneren. Dein Körper lügt nicht. Mach deine innere Weisheit zu deinem Guru. Dann kannst du zusätzlich noch fragen, wen du willst. Entscheidend wird immer sein, was deine innere Stimme dazu sagt.

Du brauchst auch keine besondere Methode. Es existieren so viele. Jede hat einen begrenzten Anwendungsbereich. Ein Patentrezept gibt es nicht. Was heute richtig ist, kann morgen schon falsch sein. Was für eine bestimmte Person zutrifft, muss für dich noch lange nicht passen. Deshalb sind Ratschläge, die von außen kommen, oft so verwirrend. Sie mögen weiterhelfen, aber nur einigen Menschen. Wenn du nicht zu diesen gehörst, kannst du mit den Tipps nichts anfangen.

Doch du hast in dir eine Instanz, die aus dem Nichts die richtige Methode für dich erfindet. Jederzeit und an jedem Ort. Es ist nicht mehr nötig, als dass du innehältst und dir von deiner Intuition sagen lässt, was dein Ziel ist und wie dein nächster Schritt aussieht.

Du brauchst auch keinen Trainer. Trainieren heißt wiederholen. Du kannst dir eine Musiklehrerin suchen, wenn du Tonleitern üben willst. Oder einen Fußballtrainer, der dir beibringt, wie du einen Ball stoppst und weiterspielst. Das kannst du dann endlos wiederholen. Doch für dein Leben gibt es keinen Trainer. Es lässt sich nicht mit starren Regeln bewältigen.

Das Leben ist das komplexeste aller Spiele, die genialste aller Kompositionen. Einiges kannst du trainieren. Aber allein damit wirst du nicht zurechtkommen. Bestimmt kennst du einige Personen, die sich an ihre einmal gelernten Regeln für immer halten. Sie wirken wie aus der Zeit gefallen, weil die Welt sich verändert hat.

Wenn du verhindern willst, dass es dir genauso geht, wirst du dein Leben lang weiterlernen müssen. Deine Kreativität und Anpassungsfähigkeit sind gefragt.

Erfinde die für dich richtigen Regeln in diesem Moment. Wende dich nach innen. Dort triffst du die Weisheit und das Glück.

Vergiss die drei Prinzipien

Die drei Prinzipien sind kein intellektuelles Konzept. Selbst wenn du den Inhalt dieses Buchs Wort für Wort auswendig könntest, würde dir das allein nicht weiterhelfen; denn die Wahrheit liegt jenseits aller Worte.

Die drei Prinzipien sind Naturgesetze wie die Schwerkraft. Man muss kein Physiker sein, um die Auswirkungen der Schwerkraft zu begreifen. Du springst in die Höhe und landest wieder auf den Füßen. Dir fällt eine Tasse aus der Hand. Sie fällt nicht nach oben und bleibt auch nicht in der Luft stehen, sondern zerschellt am Boden. Schwerkraft! Du musst ihr nicht einmal einen Namen geben. Nennst du sie »Doppelstoff«, bleibt die Wirkung auf dich und die Tasse dieselbe.

So ist es auch mit den drei Prinzipien. Dass die Gedanken dein

Leben bestimmen, merkst du von allein, wenn du darauf achtest. Denkst du »Im Supermarkt gibt es heute Sonderangebote. Die muss ich haben«, findest du dich bald im Einkaufscenter wieder, die gewünschten Schnäppchen im Arm. Überlegst du dir, dass du deine Groschen lieber im Portemonnaie lassen solltest und das Wetter sich besser für einen Ausflug als für einen Einkauf eignet, begibst du dich ins Grüne.

Dass du mehr bist als deine Gedanken und Gefühle, entdeckst du, sobald du sie dir bewusst machst. Ohne das entsprechende Bewusstsein bist du beispielsweise einfach nur wütend. Mit etwas innerem Abstand beobachtest du den Ärger, merkst, wie er stärker und schwächer wird und welche Gedanken ihn anfachen oder aber beruhigen. Du bekommst Kontrolle über deine Wut.

Das dritte Prinzip ist in dir wirksam, wenn du einen Einfall hast, der dir Energie gibt, und du dich entschließt, dieser positiven Kraft zu folgen. Wir unterscheiden uns alle nur dadurch, ob wir unserem Ego mehr Platz einräumen oder unserer inneren Weisheit. Die einen lassen sich vom Glück leiten, während die anderen Gründe finden, dies nicht zu tun.

Das Ego kennt viele Argumente, warum es angeblich besser ist, sich zu quälen und auf die Erfüllung der wahren Bedürfnisse zu verzichten. Sobald du dir das klar machst, wendest du das zweite Prinzip an. Nun brauchst du nur noch einen Gedanken, der es dir ermöglicht, deinem Glück zu folgen. Dadurch kombinierst du das erste und das dritte Prinzip. Eigentlich ganz einfach.

Einige kommen von allein darauf. Das sind aber eher wenige. Die meisten brauchen ein Vorbild oder ein paar Hinweise, um zu erkennen, warum ihr Leben manchmal gut und manchmal schlecht läuft, warum es glückliche und unglückliche Phasen gibt. In den guten wendet man die drei Prinzipien unbewusst an, in den schlechten regiert das Ego. Es ist überfordert, wenn du dir von ihm den Weg weisen lässt. Das können deine höhere Weisheit und dein Glück besser. Das Ego ist ein hervorragender Diener, aber ein mittelmäßiger Regent.

Sobald du die drei Prinzipien verinnerlicht hast, kannst du sie vergessen. Es geht allein ums Anwenden, ums Spüren. Ob du auf dem richtigen Weg bist, spürst du. Das ist eigentlich alles, was du beachten musst.

Übe dich im Nichtstun und folge deinem Glück

Nichtstun heißt nicht, dass du dich fortan in die Hängematte legst und träumst, obwohl auch das in Maßen sehr angenehm sein kann. Das Nichtstun bezieht sich darauf, dass dein Glück sich von allein einstellt, wenn du aufhörst, dich unglücklich zu machen; denn dafür musst du eine Menge tun. Sich unglücklich zu machen, ist schon ziemlich anstrengend. Noch mühsamer ist es, es Tag für Tag zu bleiben. Das kostet mehr Kraft, als sich ein tolles Leben aufzubauen.

> Beispiel: falscher Beruf.
> Den falschen Beruf zu ergreifen und bis zum Lebensende durchzuziehen, erfordert viel Einsatz und ein hohes Pflichtbewusstsein. Das gelingt perfekt, wenn man in jungen Jahren nicht seinen Interessen folgt und nicht eines seiner Hobbys zum Beruf macht, sondern sich fragt, was der »Markt« will. Wo sind die Berufsaussichten optimal? Wo lässt sich viel verdienen? Das können einem die Eltern, die Lehrer und die Berufsberater am besten sagen.
> Dann braucht man sich nur noch durch die Berufsausbildung zu quälen, die bestbezahlte Stelle (leider mit dem ekligsten Chef) finden und dort ausharren, montags bis freitags von 8 bis 17 Uhr plus Überstunden, eventuell mit gleitender Arbeitszeit.
> Ob dann die Rente sicher ist, ist fraglich. Aber unglücklich wird man durch so emsiges Tun bestimmt.

Beispiel: falsche PartnerIn
Hier will ich mich kurz fassen. Die meisten wissen, wie das geht. Du suchst dir einfach die Person aus, von der deine innere Stimme dir dringend abrät. Dann bekommst du möglichst schnell Kinder, baust ein Eigenheim, bist bis zur Halskrause verschuldet und kannst dir eine Scheidung nur leisten, wenn du deinen finanziellen Ruin in Kauf nimmst.

Beispiel: falsche FreundInnen
So ähnlich wie bei der falschen PartnerIn, nur mit weniger einschneidenden Folgen.

Beispiel: falsche Freizeitgestaltung
Vielen bleibt nur noch die Freizeit, wenn schon die Berufswahl misslungen ist und ein Berufswechsel vehement abgelehnt wird. Man könnte meinen, die Freizeit würde für vieles entschädigen. Aber es ist wie bei Radio Eriwan: im Prinzip ja, aber letztlich doch nicht, wenn man sie mit der falschen PartnerIn, den falschen FreundInnen oder mit Überstunden im falschen Beruf verbringt.
Hat man sich erst einmal daran gewöhnt, die innere Stimme zu missachten, sind die Chancen für eine glückliche Freizeit gering.

Anders, wenn du deinen Glücksgefühlen folgst. In diesem Fall gelingt die Wahl des Berufs, der PartnerIn, der FreundInnen und der Freizeitgestaltung mühelos. Sollte man sich doch einmal vertun, lässt sich der Fehler schnell korrigieren. Man wechselt den Beruf, sucht sich eine andere Stelle, trennt sich nach sechs Monaten von der PartnerIn, verabschiedet sich von falschen FreundInnen und verbringt die Abende, die Wochenenden und die Urlaube genauso vergnüglich wie die Arbeitszeit und die Zeit mit der Familie und den wahren FreundInnen.
Ist man unglücklich, raubt einem das die Kräfte. Im umgekehr-

ten Fall wächst einem ständig neue Energie zu. Deshalb geht alles so leicht, auch wenn man viel beschäftigt ist. Es fühlt sich an wie Nichtstun.

Es ist so einfach, dass man sich fragt, warum man nicht schon immer so gelebt hat.

Wie findest du den richtigen Beruf?
Folge deiner inneren Weisheit und deinem Glücksgefühl.

Wie findest du die richtige PartnerIn?
Folge deiner inneren Weisheit und deinem Glücksgefühl.

Was musst du jetzt nur noch tun?
Folge deiner inneren Weisheit und deinem Glücksgefühl.

Literatur

Bailey, Joseph V.: *The Serenity Principle. Finding Inner Peace in Recovery.* Harper and Row, 1990
Banks, Sydney: *The Enlightened Gardener.* Lone Pine Publishing, 2001
Banks, Sydney: *Second Chance.* Lone Pine Publishing, 2010
Beck, Aaron T.; Rush, John A.; Shaw, Brian F.; Emery, Gary: *Cognitive Therapy of Depression.* Guilford Publications, 1987
Beck, Aaron T.; Emery, Gary: *Anxiety Disorders and Phobias. A Cognitive Perspective.* Basic Books, 1985
Bettinger, Dicken; Swerdloff, Natasha: *Coming Home. Uncovering the Foundations of Psychological Well-being.* CreateSpace, 2016
Campbell, James E.: *Rapid Relief from Emotional Distress.* Revised edition. UCS Press, 2012
Carlson, Richard: *Glücklich sein, auch wenn das Leben hart ist.* Goldmann, 2002
Ellis, Albert: *Grundlagen und Methoden der Rational-Emotiven Verhaltenstherapie.* Klett-Cotta, 2008
Ellis, Albert; Harper, Robert: *A New Guide to Rational Living.* Prentice Hall, 1975
Emery, Gary; Campbell, James: *Rapid Relief from Emotional Distress. A New, Clinically Proven Method for Getting Over Depression & Other Emotional Problems Without Prolonged or Expensive Therapy.* Rawson Associates, 1986
Hohensee, Thomas: *Intuitiv leben. Folge deiner inneren Stimme.* Scorpio, 2019
Mills, Roger; Spittle, Elsie: *The Wisdom Within.* Lone Pine Publishing, 2001
Neill, Michael: *Die Inside-Out-Revolution. Das Einzige, was du wissen musst, um dein Leben für immer zu ändern.* Nymphenburger, 2015
Pransky, Jack: *Paradigm Shift. A History of The Three Principles.* CCB Publishing, 2015
Pransky, Jack: *Das hätte uns jemand sagen sollen! Einfache Wahrheiten für ein gutes Leben.* CreateSpace, 2016
Pransky, Jack: *Seduced by Consciousness. A Life with The Three Principles.* CCB Publishing, 2017
Quiring, Linda: *Island of Knowledge.* CCB Publishing, 2015
Reynolds, David K.: *Constructive Living.* Honolulu, Hawaii: University of Hawaii Press, 1984

Schiller, Mary: *Mind Yoga. The Simple Solution to Stress that You've Never Heard Before.* Aptitude Consulting, LLC, 2016

Schiller, Mary: *The Joy Formula. The Simple Equation That Will Change Your Life.* Aptitude Consulting, LLC, 2016

Smart, Jamie: *Clarity. Clear Mind, Better Performance, Bigger Results.* Capstone Publishing, 2013

Spittle, Elsie: Our *True Identity ... Three Principles.* CreateSpace, 2010

Suarez, Enrique; Mills, Roger; Stewart, Darlene: *Sanity, Insanity and Common Sense. The Groundbreaking New Approach to Happiness.* Fawcett Columbine, 1987

Wer loslässt, hat die Hände frei

Loslassen und dranbleiben – das klingt wie ein Widerspruch. Doch die Psychotherapeutin und Bestsellerautorin Bärbel Wardetzki vermittelt in diesem Buch, dass beide Fähigkeiten eine hervorragende Voraussetzung dafür sind, Umbrüche und Veränderungen zu bewältigen und gut zu meistern. Sie zeigt, wie wir konstruktiv mit Wandel umgehen und ihn sogar dafür nutzen können, unser Leben zum Besseren zu wenden.

www.koesel.de